# Reconstruire des vies

25 ans
Reconstruire des vies

Fonds de contributions volontaires des Nations Unies pour les victimes de la torture

NATIONS UNIES

HAUT-COMMISSARIAT DES NATIONS UNIES AUX DROITS DE L'HOMME

REMERCIEMENTS

Université de Berne
Walter Kälin, Séverine Mailler, Lars Müller,
Judith Wyttenbach.

**Haut-Commissariat des Nations Unies
aux droits de l'homme**
Teresa Albero Suarez, Anna Batalla, Ennio Boati, Jane
Connors, Denise D'Aniello, Jose Diaz, Natacha Foucard,
Cybèle Haupert, Marcel Hernandez-Samitier,
Dolores Infante-Canibano, Maria Francisca Ize-Charrin,
Leila Mornand, Thomas McCarthy, Mercedes Morales,
Marina Narvaez Guarnieri, Heather Northcott, Paul Oertly,
Sonja Pastuovic, Daniel Prémont, Aurelie Radisson,
Nosy Ramamonjisoa, Carmen Rosa Rueda Castanon,
Markus Schmidt, Remy Vanderplaetsen.

Journalistes
Bob Burton, Nick Hawton, Rina Saeed Khan,
Patricia Verdugo, Birgit Virnich.

Photographes
Ilse Frech, Ziyah Gafic, Olivia Heussler,
Dorris Haron Kasco, Rahraw Omarzad.

Organisations
Personnels et clients de TTRUSTT (The Treatment
and Rehabilitation Unit for Survivors of Torture
and Trauma), Brisbane, Australie; de l'Association
pour la réadaptation des victimes de la torture –
Centre pour les victimes de la torture (CTV),
Sarajevo, Bosnie-Herzégovine; de la Corporación
de Promoción y Defensa de los Derechos del Pueblo
(CODEPU), Santiago, Chili; du Sach Rehabilitation
Center for Victims of Torture, Islamabad, Pakistan;
et de Kanyarwanda, Kigali, Rwanda.

Autres
Yasmeen Hassan, Michelle Jarvis, Jesper Moller,
Renata Sivacolundhu.

6	**Préface** Louise Arbour	80	**Le Fonds de contributions volontaires des Nations Unies pour les victimes de la torture: Venir en aide aux victimes** Le Fonds de contributions volontaires des Nations Unies pour les victimes de la torture, le Haut-Commissariat des Nations Unies aux droits de l'homme
8	**Introduction** Sonia Picado		
11	**Rwanda: Cela aide d'en parler** Birgit Virnich / Dorris Haron Kasco		
36	**Le moment est venu de renouveler notre engagement** Savitri Goonesekere	104	**Une vision de l'avenir** Sonia Picado
37	**Tourner la page de la torture** J. Oloka-Onyango	107	**Australie: La tâche décourageante de reconstruire des vies** Bob Burton / Rahraw Omarzad
39	**Bosnie-Herzégovine: Tous assis dans la même salle d'attente** Nick Hawton / Ziyah Gafic	132	**Le Fonds et la communauté internationale** Ivan Tosevski
60	**Une force tranquille** Elizabeth Odio Benito	133	**Le Fonds et l'Afrique** Amos Wako
61	**Soutenir la société civile** Krassimir Kanev	135	**Pakistan: Reprendre confiance en soi avec les années** Rina Saeed Khan / Ilse Frech
62	**Combattre la torture: La contribution du droit international** Walter Kälin	160	**La perspective de la victime** Theo van Boven
73	**Les séquelles médicales de la torture: La mission des thérapeutes** Helen Bamber et Michael Korzinski	163	**Chili: La mémoire a des recoins secrets** Patricia Verdugo / Olivia Heussler
78	**Souvenirs d'un ancien président** Hans Danelius	189	**Abréviations et acronymes**

Préface

L'établissement par l'Assemblée générale, en 1981, du Fonds de contributions volontaires des Nations Unies pour les victimes de la torture fut une contribution majeure dans le développement d'un cadre général pour la prévention et l'éradication de la torture. En créant le Fonds, la communauté internationale démontrait que, pendant que des efforts étaient en cours pour établir des normes qui renforceraient l'interdiction totale de la torture, son usage généralisé nécessitait une action immédiate pour garantir l'accès à des services de réadaptation pour les victimes et leurs familles.

Depuis sa création, le Fonds a apporté une aide financière essentielle à un grand nombre d'organisations partout dans le monde, qui, à leur tour, ont permis aux victimes de surmonter les conséquences dévastatrices physiques et psychologiques de la torture. Comme vous pourrez le lire dans les pages qui vont suivre, le Fonds de contributions volontaires a évolué et s'est développé au cours des vingt-cinq dernières années jusqu'à devenir l'un des plus grands fonds humanitaires au sein des Nations Unies. Je suis persuadée que vous serez touchés par la force, la persévérance et la ténacité des victimes dont les histoires sont relatées dans ce livre.

Le Fonds s'est vu appuyé par une série d'obligations juridiques internationales interdisant la torture de manière explicite, y compris par celles contenues dans la Convention contre la torture et autres peines ou traitements cruels, inhumains ou dégradants et ses protocoles facultatifs, la Convention inter-américaine pour la prévention et la répression de la torture, et la Convention européenne pour la prévention de la torture et des peines ou traitements inhumains ou dégradants et ses protocoles.

Comme le démontrent les différentes contributions de ce livre, le droit de ne pas être soumis à la torture et aux traitements cruels, inhumains ou dégradants ne peut être sujet à aucune restriction, quelles que soient les circonstances. Néanmoins, certains évènements récents ont démontré que la prohibition absolue de la torture était menacée, souvent dans le cadre de mesures anti-terroristes. Certains États Membres des Nations Unies ont remis en question le caractère absolu de la prohibition de la torture et certains passent outre cette prohibition et exposent leurs citoyens et d'autres personnes à la torture et à des mauvais traitements, souvent de manière généralisée et systématique.

L'arrestation, la détention et l'interrogatoire d'individus par des autorités n'ayant aucune intention apparente de les traduire en justice constituent une tendance préoccupante. De nombreuses affaires devant diverses juridictions démontrent que la bonne marche du processus judiciaire est compromise par la torture ou des conditions de détention qui y sont propices. En effet, dans de nombreux cas, les circonstances d'arrestation, de détention et d'interrogation équivaudraient, dans n'importe quel système d'administration de la justice crédible, à un abus de la loi rendent nul et non avenu tout procès à l'encontre des victimes ayant subi de tels traitements. Le recours à ces méthodes est donc un désaveu complet de l'état de droit. Un large éventail de garde-fous est disponible pour empêcher ces pratiques, néanmoins de nombreux États ne les ont pas incorporés dans leur législation, ou, s'ils l'ont fait, ne les respectent pas.

Ces développements montrent bien que l'éradication de la pratique de la torture requiert une stratégie à multiple facettes. Une réponse appropriée n'est pas nécessairement compliquée. Des garde-fous peuvent être introduits pour renforcer la confiance des citoyens dans le système de justice pénal et réduire les risques de torture. Par exemple, un personnel de santé indépendant pourrait procéder à un examen minutieux avant et après les interrogatoires. En filmant simultanément des interrogatoires en temps réel et une horloge, on pourrait garantir qu'il n'y a pas eu d'interruption. Dans les cas où la confiance des citoyens dans la police et dans le système judiciaire est faible, des solutions faisant appel à des ressources et moyens de plus grande envergure pourraient être nécessaires.

Dans nos efforts pour empêcher la torture, les stratégies devraient être simples et directes. La protection et la promotion des droits des victimes doivent être une priorité et doivent rester au centre de ces efforts. La meilleure manière d'y parvenir est de rendre accessible à toutes les victimes de la torture des services de réadaptation complets, comprenant une assistance médicale, juridique et humanitaire, et de permettre aux associations locales proches des victimes de proposer ces services. En apportant un soutien financier, le Fonds de contributions volontaires des Nations Unies pour les victimes de la torture continue de jouer un rôle clé dans la lutte contre la persistance de la torture dans le monde. J'espère qu'en lisant les pages qui vont suivre, vous serez encouragés à soutenir nos efforts pour mettre fin à la pratique de la torture.

Louise Arbour
Haut-Commissaire des Nations Unies aux droits de l'homme

Mai 2006

Introduction

Cette année marque le vingt-cinquième anniversaire du Fonds de contributions volontaires des Nations Unies pour les victimes de la torture. Nous avons voulu en faire l'occasion de réfléchir sur le passé et sur les possibilités d'améliorer notre travail dans l'avenir. Plus important encore, il nous a paru essentiel de rendre hommage aux organisations que nous soutenons parce qu'elles apportent aux victimes de la torture des services de réadaptation cruciaux. Pour ce faire, nous n'avons pas trouvé mieux que la présente publication, qui est un moyen accessible et visuel de sensibiliser tout un chacun à la réadaptation des victimes de la torture.

Reconstruire des vies se concentre sur cinq projets financés par le Fonds en Australie, Bosnie-Herzégovine, Chili, Pakistan et Rwanda, représentant les cinq régions du monde. Les projets sont décrits dans de courts articles complétés par des photographies. Cela devrait permettre aux lecteurs de mieux comprendre ce que vivent les victimes de la torture et ce que sont les services de réadaptation fournis par les organisations.

L'ouvrage est ponctué de déclarations personnelles d'anciens membres du Conseil d'administration du Fonds, et des membres en exercice. Ensemble, elles dressent un tableau complet de l'évolution du Fonds des origines jusqu'à nos jours. Les membres du Conseil identifient les questions qui nécessiteront une plus grande attention à l'avenir. Ils apportent leur contribution sous forme de propositions visant à améliorer la capacité du Fonds à satisfaire les besoins des organisations qui fournissent une assistance aux victimes de la torture.

À ces aperçus et déclarations *Reconstruire des vies* ajoute trois chapitres explicatifs qui résument un grand nombre de questions fondamentales souvent posées à propos de la torture. Le premier de ces chapitres décrit la définition juridique qui est donnée de la torture par le droit international, en expliquant ce qui distingue la torture d'autres violations des droits de l'homme, et les moyens de la combattre efficacement, au niveau national, régional et international. Le deuxième chapitre aborde la torture sous l'angle de son diagnostic médical ainsi que des divers traitements à la disposition des victimes. Il examine en outre les raisons du recours à la torture, les méthodes utilisées, et décrit en détails les effets variés et durables de la torture sur les victimes. Le troisième chapitre décrit l'évolution du Fonds au fil du temps et son fonctionnement aujourd'hui. Il examine par ailleurs un certain nombre de projets financés par le Fonds qui illustrent les traitements et programmes innovants conçus pour venir en aide aux victimes.

Chaque jour, partout dans le monde, des millions d'individus souffrent de la torture ou de ses séquelles. La lutte contre la torture exige des efforts concertés et tenaces de la part des gouvernements, des Nations Unies et de la société civile, au niveau local, national, régional et international. Tant qu'il ne sera pas mis un terme à la torture, on aura besoin de mécanismes tels que le Fonds de contributions volontaires des Nations Unies pour les victimes de la torture. J'espère que les histoires de force, de courage et de solidarité que vous lirez dans les pages qui vont suivre vous donneront l'envie de nous rejoindre dans notre combat.

Sonia Picado
Présidente du Fonds de contributions volontaires des Nations Unies
pour les victimes de la torture

Mai 2006

Rwanda : Cela aide d'en parler

Birgit Virnich/Dorris Haron Kasco

Organisation **Kanyarwanda** Lieu **Kigali, Rwanda** Date de création **1991** Type d'assistance fournie **médicale, psychologique, sociale** Nombre de victimes assistées en 2005 **1201 victimes et membres de leur famille** Nombre de nationalités représentées par les victimes **une** Programme financé **Centre Africain de Réhabilitation des Victimes de la Torture et de la Répression (CARVITORE)** Nombre de salariés employés par le projet **quatre**

Bernhard retourne à l'église dans laquelle sa famille a été assassinée.

Marie a subi des agressions sexuelles répétées entre les mains de Interahamwe.

Cyprien souffre toujours des séquelles de la torture.

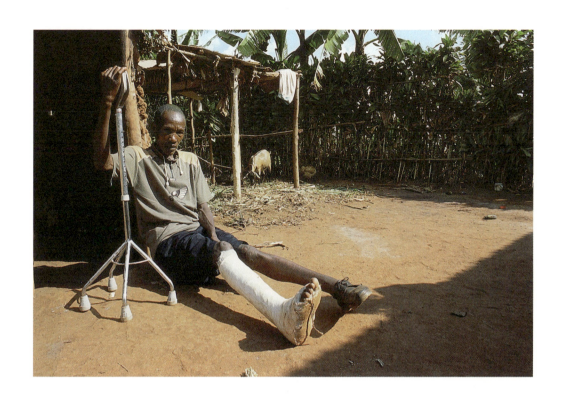

La nuit tombe sur Kigali. Des nuages de fumée s'échappent paisiblement des collines densément bâties de la capitale de Rwanda. Bernhard* se réveille en sursaut, baigné de sueur. Dans son rêve il a senti l'odeur de l'encens. L'église de Mburabuturo est pleine de monde. Les prières de la congrégation sont plus ferventes qu'à l'accoutumée. Le prêtre reçoit une confession.

Des gens dorment par terre. D'autres font un somme sur les bancs de l'église. L'église est le seul endroit où ils se sentent en sécurité. La femme et les enfants de Bernhard se préparent pour la nuit. Dehors, les gens dans la rue semblent étrangement agités. Bernhard se heurte à des miliciens qui rôdent éméchés. Ils lui réclament une pièce d'identité, ses cigarettes et son argent. Après lui avoir tout pris, ils l'humilient et se moquent de lui. Ils jettent en l'air sa pièce d'identité. Ils le bousculent. Ils rient de plus en plus fort, au point qu'il se réveille. Ce n'était qu'un rêve. Un cauchemar.

Pour Bernhard, les nuits sont atroces. C'est à ce moment-là que cet ancien électricien âgé de 53 ans revit la détresse absolue ressentie cette nuit d'avril 1994. Il veut revenir en courant dans l'église pour sauver sa famille. À l'intérieur des scènes d'horreur inimaginable l'attendent. Bernhard veut hurler, arrêter la foule enragée. Les souvenirs sont comme une plaie qui suppure. Son visage est baigné de larmes. La douleur qu'il gère le jour refait surface et se venge l'obscurité tombée. Les cauchemars qui le hantent menacent de le rendre fou. Il tente désespérément de dormir un peu.

Sur une colline toute proche à Kigali, des images de mort tourmentent le sommeil de Cyprien, âgé de 51 ans. Les soldats, armés de machettes, le poursuivent autour d'une église. Une sorcière diabolique jette des os humains dans des latrines. Ces cauchemars le hantent. Cyprien est contraint de regarder le viol et le meurtre de sa femme par la milice Interahamwe des Hutus. Ils lui coupent les tendons des hanches avec une hache. Les miliciens le croient mort. Il reste allongé pendant des heures sur un tas de corps dans l'église. Il a encore les odeurs des cadavres dans le nez. Il a failli être jeté dans une fosse commune avec les morts. Les soldats dans un rire frénétique piétinent les corps. Il les entend dire: «On finira plus tard». Ces mots, il ne les oubliera jamais.

Nuit après nuit, les horreurs vécues remontent à la surface sous forme de rêves bizarres et confus. Parfois, lorsque ces pensées le poursuivent aussi le jour, Cyprien a l'impression que le passé le conduit à la folie.

Opérationnelle depuis 1991, l'organisation Kanyarwanda qui a son siège à Kigali se consacre à la protection des droits de l'homme. Depuis 1994, le centre fournit des soins médicaux, mais aussi des services de réadaptation psychologique et sociale aux victimes de la torture dans le cadre de son programme CARVITORE (Centre Africain de Réhabilitation des Victimes de la Torture et de la Répression).

Marie, aujourd'hui âgée de 34 ans et mère de deux enfants, est tombée entre les mains de Interahamwe à l'ouest du Rwanda. Chaque jour, lorsque le soleil descend sur le Rwanda, les souvenirs remontent à la surface. La nuit tombée, Marie est terrassée par des douleurs à l'estomac et des migraines. Elle a encore dans les oreilles le ronronnement des messages du transistor radio lancés par la milice hutue et exhortant à la violence. Le moindre bruit à l'extérieur de la maison la fait sursauter et craindre qu'ils soient de retour pour elle. Pendant trois mois, Marie a été régulièrement violée par cinq soldats d'Interahamwe, méprisants, brutaux et insolents.

«À quoi bon vivre si vous ne pouvez jamais ressentir de joie?» demande Marie. Elle envoie ses enfants à l'école apparemment dans l'indifférence. Ses deux enfants ne comprennent pas la dépression de leur mère. Elle est convaincue qu'elle devra lutter contre ces sentiments de ne plus rien valoir jusqu'à la fin de sa vie.

---

* Des pseudonymes sont utilisés dans tout l'article.

Le jour, les employés du centre de Kanyarwanda encouragent Marie car ils connaissent la force qui est en elle sous ses allures fières. Avec l'aide des travailleurs sociaux de Kanyarwanda, Marie a trouvé des médecins ayant l'expérience du traitement des victimes de la torture. Ils l'ont aidée à comprendre les liens entre ses symptômes physiques et mentaux résultant de la torture qu'elle a subie.

Depuis 1991, Kanyarwanda a développé plusieurs réseaux, notamment un réseau de médecins traitant les victimes de la torture. Dans les nombreux cas où les victimes ne sont pas capables de payer le traitement médical, le centre prend en charge les frais. Depuis plusieurs années, l'organisation se bat pour que les femmes rwandaises violées durant le génocide, soient reconnues comme des victimes de la torture. Leurs efforts ont abouti à la création d'un réseau de sept groupes de femmes originaires de différentes provinces et victimes de viol.

Tassiana, 50 ans, coordinatrice à Kanyarwanda, tente de saisir l'ampleur du génocide au moyen de statistiques. Elle reconnaît que c'est une piètre consolation pour les victimes, mais fait valoir que cela aide parfois de mettre l'incompréhensible en chiffres. Tassiana retire une liste de son tiroir. C'est sa liste personnelle; elle comprend 94 noms. «La famille de mon père», déclare la travailleuse sociale d'une façon très détachée. Tassiana a mis 10 ans à enregistrer ses propres pertes. «Alors je n'oublie pas», dit-elle résolue. Et lorsque ses démons intérieurs menacent de prendre le dessus, elle prie.

«Cela aide d'en parler», explique à Bernhard Irene la spécialiste des traumatismes du centre. Il est timide, mais elle l'encourage à parler de ce qu'il a vécu. De temps à autre, elle lui demande son aide pour régler des petits problèmes d'électricité au centre ou pour demander du matériel. Bien souvent, il n'a tout simplement pas l'énergie de continuer son ancien métier.

Cyprien est la dernière personne que rencontrera Irene, âgée de 31 ans, dont le sourire chaleureux reflète son inébranlable optimisme. Etant elle-même une survivante, Irene croit fermement qu'il est important d'aider les autres. Au fil des années, Cyprien a subi plusieurs opérations à cause de ses blessures, organisées et payées par le centre. Et même s'il a désormais besoin de béquilles pour marcher, il trouve toujours le chemin de Kanyarwanda. Cyprien fait observer que s'il n'avait pas les réunions avec Irene qu'il attendait avec impatience, il serait depuis longtemps devenu fou. Ses conversations avec elle lui permettent d'affronter de nouveau la vie. Irene l'encourage à mettre par écrit ses expériences, ce qu'il fait avec minutie dans un journal écorné. Il veut se servir de ces notes pour traduire en justice devant un tribunal *Gacaca* rwandais les auteurs de ces crimes. Ces tribunaux ont été influencés par les tribunaux de village traditionnels.

Dans ces tribunaux, de simples habitants étaient formés à prononcer des jugements et appliquer des peines à l'encontre de leurs concitoyens. Les pouvoirs publics espèrent que ces tribunaux permettront aux Rwandais de concilier avec le génocide. Contrairement à Bernhard, Cyprien croit en l'efficacité des tribunaux *Gacaca*. Il espère que les interrogatoires des détenus devant les autres villageois conduiront à la vérité, et s'il y a lieu, à leur condamnation. Ce n'est qu'à ce prix qu'il retrouvera la sérénité pour chercher un emploi comme celui qu'il avait auparavant comme gardien dans une usine de torréfaction de café.

Irene est à la recherche d'un autre conseiller pour le centre. Les employés fournissent des services de conseil, alors qu'eux aussi sont des rescapés du génocide. Tout le monde dans cette minuscule nation d'Afrique de l'Est passe par des moments où les traumatismes du passé menacent de reprendre le dessus: les travailleurs sociaux, le personnel infirmier, les médecins, les enseignants et les prêtres. Tous à un moment ou un autre ont besoin d'aide. Et pourtant, beaucoup ont eu le courage d'affronter la réalité. Il ne fait nul doute que les atrocités commises durant ces mois de 1994 continuent à hanter leur présent.

«À ce jour, il n'y a eu aucune décision de justice ni aucune autre action qui puisse commencer à racheter ces tueries barbares», déclare Tassiana sur un ton découragé. C'est pourquoi les petits pas faits par les survivants dans leur vie de tous les jours sont considérés comme vitaux pour leur survie à la fois en tant qu'individus mais aussi en tant que membres de la communauté. C'est seulement de cette façon qu'ils pourront vaincre les démons de la nuit.

«Les tueries doivent cesser», murmure Bernhard. Il parle aux autres victimes qui se rassemblent régulièrement devant le centre. Il se souvient qu'il avait 10 ans lorsque pour la première fois, il a entendu parler d'un massacre. Puis ceux-ci se sont succédés à une fréquence alarmante, en 1973, 1980 et 1994. «Comment est-ce possible de contempler l'avenir lorsque chaque once d'énergie est utilisée pour vivre avec son passé?», se demande à voix haute Bernhard en s'acheminant vers son domicile tandis que la nuit tombe. À mesure que le soleil se couche sur Kigali, les images du passé menacent d'assaillir Bernhard, Marie et Cyprien. Mais avec chaque jour qui passe et avec l'assistance du centre d'aide contre les traumatismes, les ombres s'amenuisent et les survivants font un pas supplémentaire vers l'espoir.

Après s'être dissimulée dans la forêt, cette femme a réussi à marcher jusqu'au village voisin où elle a trouvé refuge auprès de l'homme qui est aujourd'hui son mari.

La mâchoire de cette femme a été retirée par les chirurgiens,
à la suite des blessures qu'elle a reçues durant le génocide.

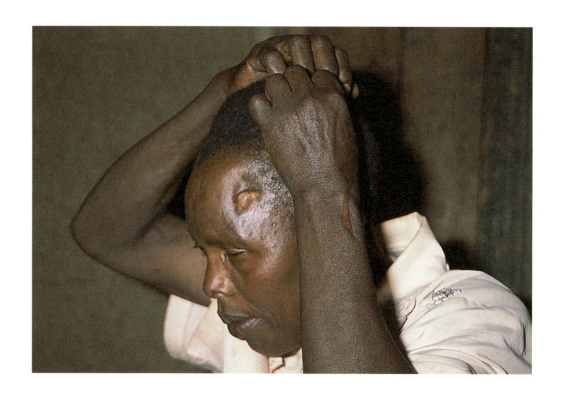

Cette femme montre bien volontiers ses nombreuses cicatrices
et parle de ce qui lui est arrivé et aux membres de sa famille.

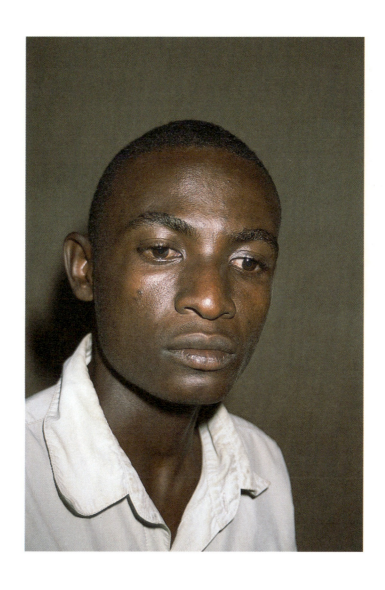

Ce jeune garçon dort à peine, il est poursuivi par des cauchemars.

Ce couple retrouve l'espoir avec la construction de sa maison,
grâce à l'assistance de Kanyarwanda. Ce dernier l'aide psychologiquement.

Ces orphelins ont été recueillis par d'autres survivants.

De nombreux enfants vivent dans la rue où ils font de leur mieux pour survivre.

Avec l'assistance de Kanyarwanda, les femmes qui ont été violées pendant le génocide ont fondé un réseau de soutien qui leur permet de créer de petites entreprises.

Le théâtre d'une série de massacres. Les survivants de Bisesero continuent de trouver des fosses communes. Les ossements sont exhumés et enterrés dans un mémorial construit à cet effet.

Ces panneaux affichés dans tout le pays exhortent les gens à
participer aux tribunaux *Gacaca* ou tribunaux traditionnels de réconciliation.

La vie continue pour les victimes qui désormais vivent
à côté de ceux qui ont perpétré le génocide.

Le moment est venu de renouveler notre engagement

Savitri Goonesekere. Sri Lanka. Membre du Conseil d'administration de 2006 à 2009

La pratique de la torture continue à défigurer nos sociétés en dépit des contributions importantes des organes chargés de surveiller l'application des traités relatifs aux droits de l'homme, de celles du Fonds et d'autres institutions internationales et nationales, y compris les tribunaux de juridiction nationale à travers le monde. Le vingt-cinquième anniversaire est l'occasion de célébrer la qualité des résultats obtenus et de reconnaître le travail réalisé par le Fonds et par les organisations non gouvernementales auxquelles ce dernier apporte un soutien financier. C'est aussi l'occasion de rendre hommage à la générosité des donateurs envers le Fonds et de renouveler notre engagement pour la création de sociétés dans lesquelles ce type de violence ne serait pas toléré.

De nombreux pays dans lesquels émerge un corps de jurisprudence sur les droits fondamentaux privilégient les stratégies judiciaires et la compensation financière, les considérant comme les moyens de réparation et d'aide humanitaire les plus importants. Les victimes sont oubliées et livrées à elles-mêmes. Je me souviens d'une affaire qui avait beaucoup retenu l'attention de l'opinion publique dans mon pays. Une jeune fille qui avait été torturée par la police alors qu'elle se trouvait en garde à vue s'était vue accordée des dommages-intérêts par le tribunal. Le juge qui avait à l'époque jugé l'affaire m'a récemment dit que la jeune fille s'était suicidée peu de temps après. Dans de nombreux pays où les affaires de torture suscitent beaucoup d'attention et sont examinées avec précaution par la justice, la notion de suivi, d'assistance et de services de réadaptation des victimes reste inconnue. Le Fonds doit partager avec les organisations de la société civile les meilleures pratiques afin qu'elles se rendent mieux compte de la nécessité d'incorporer ces éléments dans leur travail quotidien dans le domaine de la torture. Nous devons aussi obtenir le soutien du secteur privé, d'autant plus qu'un certain nombre d'organisations s'efforcent de donner l'image d'une entreprise consciente de ses responsabilités vis-à-vis de la communauté.

Un phénomène nouveau et alarmant émerge dans certains pays, celui de la violence à l'encontre des défenseurs des droits de l'homme, des juges, ainsi que des victimes de la torture qui cherchent à exercer leurs droits légaux et à obtenir réparation. Preuve en est du nombre croissant de meurtres extrajudiciaires perpétrés avec la complicité des organes chargés de l'application des lois, notamment la police. Le Fonds doit encourager et financer les activités visant à lutter contre ces problèmes si nous voulons rendre durables les efforts que nous déployons au niveau national au nom des victimes de la torture. Les programmes qui tentent de respecter les normes internationales relatives aux droits de l'homme au cours d'enquêtes menées lors de conflits armés internes ou d'attaques terroristes doivent également être perçus comme l'un des aspects de ce soutien aux victimes. Ces programmes peuvent contribuer à intégrer une plus grande notion d'humanité dans le cadre d'enquêtes ou dans celui de l'application de la loi, et empêcher les pires excès de la torture.

Tourner la page de la torture

J. Oloka-Onyango. Ouganda. Membre du Conseil d'administration de 2006 à 2009

Je ne suis pas certain que la pratique de la torture ait beaucoup diminué depuis l'adoption de la Déclaration universelle des droits de l'homme en 1948, et cela malgré le fait qu'il y ait davantage prise de conscience de par le monde de cette violation brutale et débilitante des droits fondamentaux de l'homme. Au moment de la déclaration, le monde croyait adopter un instrument qui répondrait de façon efficace aux atrocités commises dans des lieux comme Auschwitz, Treblinka et Sobibor. Trente-six ans plus tard était adoptée la Convention contre la torture en vue de traduire l'impératif moral que représentait la Déclaration en obligations d'ordre juridique. Toutefois, si la Convention a été amplement ratifiée et citée, elle reste un des instruments internationaux les moins respectés. Chacun prétend avoir la torture en horreur, et pourtant beaucoup autorisent leurs forces à persécuter, neutraliser et mutiler leurs opposants, qu'ils soient réels ou imaginaires.

Si les camps de la mort d'Hitler font partie du passé, leurs descendants ne sont que trop présents. Des évènements récents montrent qu'aucun pays ne peut prétendre être libéré du fléau de la torture. Venant d'une région du monde où la torture est malheureusement endémique, y compris parmi les pays les plus démocratiques et les plus bienveillants, il paraît évident que nous devons nous concentrer de nouveau sur cette pratique. Reléguons la torture à l'histoire.

En même temps, il est important de prendre conscience du fait que d'autres acteurs peuvent être coupables d'actes de torture, y compris des acteurs non-étatiques comme par exemple les milices privés et les groupes paramilitaires. En conséquence, l'approche pour éliminer la torture doit être multiforme, en ciblant l'État et ses instruments traditionnels de coercition et de violence, tels que la police et les services de renseignement, mais aussi ceux qui n'exercent pas le pouvoir de l'État. La torture tolérée par l'État n'est pas seulement commise par des personnes étrangères à la victime, elle peut aussi être infligée par les personnes qui lui sont proches, par exemple un conjoint, un parent ou un enseignant.

Compte tenu de tout cela, j'espère que le Fonds pourra étendre ses activités afin qu'elles répondent à la dimension et à l'envergure que la torture a prises dans le monde contemporain. J'espère voir davantage de soutien aux efforts de formation et de sensibilisation axés sur les effets affligeants de la torture, ainsi que davantage de ressources allouées aux campagnes contre la torture et à la réadaptation des victimes. J'aimerais aussi voir le Fonds prendre une approche plus délibérée pour identifier des organisations qu'il pourrait financer (surtout dans les pays où le Fonds n'est pas connu) plutôt que de soutenir uniquement les groupes qui sollicitent son assistance. Je pense que le Conseil devrait engager avec les bénéficiaires de ses subventions des discussions plus stratégiques et axées sur la formulation de politiques, plutôt que d'opérer simplement à l'instar d'une banque. Je ne doute pas de la noblesse de l'idée qui préside à l'existence du Fonds, mais il y a lieu de se pencher sur le renforcement de ses fondements financiers au moyen de contributions intellectuelles en faveur de la lutte contre la pandémie de la torture.

Bosnie-Herzégovine : Tous assis dans la même salle d'attente

Nick Hawton/Ziyah Gafic

Organisation **Association pour la réadaptation des victimes de la torture – Centre d'accueil des victimes de la torture (CTV)** Lieu **Sarajevo, Bosnie-Herzégovine** Date de création **1997** Type d'assistance fournie **médicale, psychothérapeutique, sociale, d'ordre pratique** Nombre de victimes assistées en 2005 **450** Nombre de nationalités représentées par les victimes **quatre** Programme financé **réadaptation des victimes de la torture et de leurs familles en Bosnie-Herzégovine** Nombre de salariés employés par le projet **14**

Rusmira avait la trentaine lorsque la guerre a éclaté en Bosnie. Son mari a été tué devant elle, et elle s'est retrouvée dans un camp de concentration à Keraterm dans le nord de la Bosnie avec ses deux enfants. Elle y a été plusieurs fois violée et battue par le commandant du camp qui avait été le directeur de son école primaire. Après quelques mois, Rusmira a été relâchée et s'est installée à l'étranger plus tard. Elle a plus tard témoigné devant le Tribunal pénal international des Nations Unies pour l'ex-Yougoslavie à la Haye.

Emir était employé dans une station-service dans la ville de Visegrad losque la guerre a éclaté. Des voisins serbes l'ont persuadé de se rendre en affirmant qu'on lui permettrait de quitter la région sain et sauf. Au lieu de cela, lui et 49 autres, pour la plupart des parents et des amis, ont été regroupés, battus et transportés vers une destination éloignée pour y être exécutés. Arrivé sur les lieux où il devait être exécuté, il s'était mis à courir, malgré ses mains attachées dans le dos et la surveillance des gardes paramilitaires bosno-serbes. Contre tout espoir, il avait réussi à s'échapper. Les 49 autres personnes du bus ont été toutes exécutées.

Des entrepôts comme celui-ci, dans la ville de Brcko, en Bosnie, ont
été le théâtre de crimes horribles au printemps et en été 1992. Des adultes
musulmans ont été ici torturés et affamés, et beaucoup ont été tués.
Aujourd'hui cet entrepôt est utilisé par une entreprise locale d'ameublement.

Saed s'est retrouvé au camp de Heliodrom de Mostar pendant la guerre.
Ils ne disposaient ni de lumière ni d'installations sanitaires correctes.
Cinq personnes dormaient sur la moitié d'une couverture. On le forçait à creuser
des tranchées sur la ligne de front. Il a été battu à mort par un gardien
parce qu'il avait essayé de prendre une ration de pain supplémentaire à cause
de son ulcère. Il a perdu le tiers de son poids durant ces mois de captivité.
Sa femme ne savait pas s'il était en vie ou mort. Saed parle rarement du camp
ou de ce qu'il a vécu durant la guerre. Lorsqu'il le fait, sa femme se
couvre le visage et sanglote. Aujourd'hui ils vivent à la périphérie de Mostar
et élèvent des poulets.

Mustafa était employé à l'usine de Coca-Cola située à la périphérie
de Sarajevo avant que la guerre éclate. Lui et ses voisins se sont retrouvés
en détention dans une école, un garage, un gymnase et un baraquement
militaire. Ils ont été torturés et violés. Dix membres de sa famille ont été tués
dans le fameux baraquement de «Kula». «Les gardiens se sont mis en ligne
formant une sorte de zigzag, et nous devions passer entre eux. Ils nous battaient
avec tout ce qui leur tombait sous la main: fusils, barres de métal et petits
sachets de balles. Il m'arrive aujourd'hui encore d'avoir mal aux jambes et aux
genoux». Il a fini par être libéré grâce à un échange de prisonniers.
Aujourd'hui, Mustafa dirige une organisation qui recherche les personnes
de sa ville natale portées disparues.

Brcko est une petite ville située dans le nord de la Bosnie sur les bords
du fleuve Sava connue pour son port. Des crimes terribles ont eu lieu
ici après que les troupes bosno-serbes ont mis la main sur la région en 1992.
Les corps de certaines victimes ont été jetés dans le fleuve.

Il continue à se réveiller la nuit, hurlant à propos d'un fleuve qui charrierait des corps mutilés, tandis qu'il tirerait les corps boursouflés jusqu'à la rive, leurs membres décomposés se rompant parfois dans ses mains. Il a aidé à enterrer 130 personnes, des civils musulmans tués par les forces paramilitaires bosno-serbes et emportés par les courants du fleuve Drina.

Samir* a 40 ans, mais fait plus vieux. Il s'assoit sur le sofa, de temps à autre il se balance avec ses documents d'inscription à la Croix-Rouge dans la main. Puis il s'arrête de temps en temps, fixant par la fenêtre la pluie qui tombe sur les arbres dans le lointain. Son jeune fils et son épouse sont assis à côté de lui. Elle nous prépare un café. Son fils me sourit, à moi l'étranger venu chez eux écouter son père raconter son histoire.

Lorsque la vague vicieuse de la guerre bosniaque a déferlé à travers la Bosnie orientale, Samir, Musulman, s'est retrouvé piégé dans la ville de Zepa. Lorsque la ville est tombée aux mains des forces bosno-serbes, en été 1995, lui et beaucoup d'autres de la ville, ont décidé de traverser le fleuve Drina pour gagner la Serbie. Ils ont préféré tenter leur chance avec les forces de sécurité régulières serbes plutôt qu'avec les forces paramilitaires qui vagabondaient dans toute la Bosnie orientale.

«Nous avons traversé le fleuve Drina de nuit mais avons été très vite capturés et placés dans un camp de prisonniers. Nous n'avons rien eu à boire ni à manger pendant cinq jours. Nous devions dormir sur le sol en ciment. La Croix-Rouge a découvert le camp mais les autorités lui en ont refusé l'entrée». Des prisonniers étaient amenés pour être interrogés et revenaient après avoir été battus. Les hommes n'étaient autorisés à aller aux toilettes à l'extérieur que s'ils faisaient le signe de la croix. S'ils ne le faisaient pas correctement, l'autorisation leur était refusée.

Samir se met soudain debout devant moi et tire une chaise vers lui. Il s'y agenouille révélant la plante de ses pieds. «C'est ainsi qu'ils me faisaient m'asseoir. Ils me battaient les pieds avec des matraques de police et des bâtons en bois. Après, je ne pouvais plus marcher que sur les genoux. Parfois, même aujourd'hui, mes pieds ne m'obéissent plus».

«Un jour, j'ai été amené dans les bois les yeux bandés, les mains attachées dans le dos. Ils ont rechargé leurs fusils comme s'ils allaient me fusiller. Et puis ils se sont arrêtés. Rien n'est arrivé et nous sommes tous rentrés au camp. C'était seulement pour rire. En novembre, en plein milieu de l'hiver, un des prisonniers a été amené dehors dans le froid entièrement dévêtu, et ils l'ont arrosé d'eau glacée. Ils nous insultaient…nous disaient que toutes nos familles avaient été tuées mais qu'ils avaient épargné les jeunes femmes afin de pouvoir «les utiliser»». Samir regarde de nouveau par la fenêtre. «Et il y avait aussi des violences sexuelles. Et cela souvent».

Samir et ses autres camarades prisonniers ont été libérés en avril 1996, près de quatre mois après la fin de la guerre. Aujourd'hui, lui, sa femme et leurs trois enfants vivent dans un village à quelques kilomètres de Sarajevo. Son mauvais état de santé le rend inapte au travail. Il a des problèmes cardiaques, dort mal, et perd la mémoire. Il lui arrive de ne plus se souvenir du lieu où il vit. Il reçoit une petite aide de l'État, parce que ses ressources sont limitées. Il dit ne pas avoir d'avenir. Il se réveille la nuit et hurle à propos de ce fleuve. «Je n'aime pas être tout seul», me confie-t-il.

Samir n'est qu'un parmi des milliers d'autres bénéficiant de l'aide du centre qui s'occupe des victimes de la torture à Sarajevo, le CTV. Cette organisation a pour but principal de fournir des services de réadaptation aux victimes de la torture par le biais de toute une gamme d'activités. Le Centre a été fondé en avril 1997 avec le soutien financier du Conseil international pour la réhabilitation des victimes de la torture qui a son siège au Danemark. En juillet 2002, le Centre est devenu une ONG locale. Depuis plusieurs années, il bénéficie du soutien financier de ses donateurs, parmi les plus importants figurent la Commission européenne et le Fonds de contributions volontaires des Nations Unies pour les victimes de la torture.

---

* Des pseudonymes sont utilisés dans tout l'article.

«Les problèmes sont immenses», estime la directrice médicale du Centre, le Docteur Dubravka Salcic. «Nous estimons à près de 200 000 individus le nombre des personnes ayant été directement torturées et à trois voire quatre fois plus celui des victimes indirectes de la torture. Par «indirect», j'entends les membres de la famille de la victime de la torture…ainsi que les personnes contraintes d'assister à des scènes de torture…qui souffrent elles aussi de séquelles. Il existait plus de 600 centres de détention à travers tout le pays. La torture était une pratique courante dans beaucoup de ces camps».

«Après la guerre, les ONG ont poussé comme des champignons après la pluie. Contrairement aux autres, nous avons voulu nous concentrer uniquement sur la torture sans nous laisser distraire par d'autres aspects. De cette façon, nous sommes en mesure d'offrir un meilleur service à nos clients», déclare le Docteur Salcic dans les locaux de l'organisation situés au centre de la capitale bosniaque. Le Centre est la base opérationnelle d'une petite équipe de professionnels dévoués qui réunit des psychiatres, des médecins généralistes, des physiothérapeutes, des psychologues, un travailleur social, un agent sur le terrain et quatre administrateurs.

«Nous sommes officiellement présents dans toute la Bosnie, c'est-à-dire dans les territoires musulmans, serbes et croates. Nous ne faisons pas de distinction entre les nationalités. Parfois nous avons des serbes et des musulmans, appartenant aux différents camps du conflit, assis dans la même salle d'attente pour rencontrer les membres de notre personnel. Pour nous, les situations de ce genre s'inscrivent aussi dans le processus de réconciliation», déclare le Docteur Salcic.

La réconciliation n'est pas un processus aisé dans un pays qui a connu une telle sauvagerie, en grande partie dirigée à l'encontre des femmes.

Rusmira, musulmane, avait 30 ans lorsque son monde a commencé à s'écrouler autour d'elle. Née dans la ville de Prijedor dans le nord de la Bosnie, elle était mariée et mère de deux petites filles lorsque les tirs et les expulsions ont commencé. Les troupes paramilitaires bosno-serbes ont rapidement pris possession de la ville. Durant les premières semaines, sa famille et elle avaient pu prendre un peu d'avance sur les hommes armés en passant d'un village à l'autre.

«Le 24 juillet, des hommes portant des passe-montagnes sont entrés dans la maison que nous occupions. Ils ont vicieusement battu mon mari devant les enfants et moi. Il avait la tête en sang. Ils lui ont attaché les mains avec du fil de fer et l'ont emmené. Je l'ai revu quelques jours plus tard, pour la dernière fois. C'était dans le camp de prisonniers qu'ils avaient installé. Ils l'ont fusillé devant moi, avec une dizaine d'autres. Son sang a aspergé mes vêtements».

Rusmira, maintenant 44 ans, est assise devant moi. Un album de photographies de famille repose sur la table qui nous sépare. Elle interrompt sa narration le temps d'allumer une autre cigarette. «On m'a amenée en détention dans la maison qui se trouvait à l'extérieur du camp. Je voyais régulièrement des prisonniers amenés dans le champ de maïs derrière la maison, les mains attachées dans le dos. C'est là où on les fusillait. Et puis, une nuit, le commandant du camp est venu me trouver. Mes filles étaient dans la chambre en train de dormir. Il m'a retiré mes habits avec son couteau. Je me suis défendue. Il m'a donné des coups de couteau et m'a violée. Ce n'était que le début. Et cela a été ainsi nuit après nuit, semaine après semaine. Je me disais que je survivrai. Il m'a dit qu'il voulait que je survive parce que ma souffrance serait ainsi plus grande que si je mourrais. Il avait été le directeur de mon école».

Rusmira, qui reçoit des conseils et une assistance du CTV, a fini par être libérée dans le cadre d'un échange de prisonniers. Elle vit maintenant en Europe de l'Ouest. Elle a témoigné devant le TPIY contre ceux qui ont commis de tels crimes.

«Au tout début de l'activité du Centre d'accueil des victimes de la torture, nous devions prendre les devants et encourager les gens à nous contacter. Pour dire les choses clairement, beaucoup de gens ne s'étaient simplement pas rendus compte qu'ils avaient été torturés et qu'ils avaient peut-être besoin d'aide. Notre travail sur le terrain était absolument capital», déclare Docteur Lejla Cakovic, 30 ans, qui travaille comme médecin généraliste au Centre depuis quatre ans.

«Mais progressivement, grâce au bouche à oreille, aux médias et à nos propres campagnes d'information, de plus en plus de personnes prirent conscience de notre existence et des services que nous avions à offrir. Puis ce fut la ruée. Nous sommes parvenus à la limite de nos capacités».

Pour l'heure, le Centre envoie des équipes mobiles dans les différentes parties du pays. L'équipe se rend dans une région où elle séjourne plusieurs jours au cours desquels elle fournit autant de conseils professionnels que possible. Les équipes ont été particulièrement actives à Mostar et dans la ville de Brcko, dans le nord-est de la Bosnie. «C'est important de préparer le terrain avant de se rendre auprès d'une collectivité. À cet effet, les membres de l'équipe téléphonent généralement auparavant pour parler à nos clients potentiels, leur expliquer notre travail et discerner leurs besoins», précise Docteur Cakovic. Selon les besoins, l'équipe comprendra un médecin généraliste, un psychiatre, un travailleur social et un psychologue. «Cette approche pluridisciplinaire est vitale. Les personnes et les membres de leur famille pâtissent de leurs expériences de maintes façons – besoin de trouver un logement, de réclamer une aide sociale pour bénéficier de médicaments. Leur réadaptation est au cœur de tous nos efforts».

Milorad entre lentement dans la pièce, s'assoit à la table de la cuisine, et se met à fumer. Tout au long de son histoire, il fumera continuellement, sortant et allumant ses cigarettes avec aisance, bien qu'il n'ait plus l'usage que d'un seul bras. De profession, Milorad était enseignant pour enfants requérant un suivi pédagogique spécialisé. Serbe originaire d'Orasje dans le nord de la Bosnie, la guerre qui a éclaté au printemps de 1992 a irrévocablement changé sa vie. De nombreux Serbes avaient décidé de se retirer dans la ville de Brcko tenue par les Serbes. Milorad décida de rester dans sa ville natale.

«C'était ma ville, mon chez-moi. Pourquoi aurais-je dû la quitter?», demande-t-il. «Les forces croates m'ont arrêté le 11 juin. Nous avons été amenés à l'école locale. Après l'interrogatoire, les Croates et les musulmans ont été autorisés à s'en aller mais pas les Serbes. Ils ont fini par nous amener dans un camp de prisonniers. Parce que j'étais marié à une Croate, les gardiens ne m'ont pas trop maltraité. Mais d'autres Serbes étaient régulièrement battus. J'ai vu des Serbes qui étaient si assoiffés – on avait refusé de leur donner à boire – qu'ils ont été contraints de boire leur propre urine. Au moins un d'entre eux est mort».

«Chaque jour, on nous amenait à l'extérieur pour creuser des tranchées sur la ligne de front, fréquemment sous les tirs des positions serbes. Nos gardiens faisaient exprès de tenter de nous provoquer pour avoir une excuse pour nous frapper. Un jour en septembre 1992, j'ai commis l'erreur de répondre à un des gardiens. Les autres prisonniers m'ont prévenu de ne pas répondre. Deux jours plus tard, alors que je coupais du bois tout près de la ligne de front, j'ai entendu un coup de feu partir et me suis ensuite aperçu que ma main pendait. Je me suis écroulé dans une tranchée et là j'ai vu le gardien qui m'avait provoqué quelque temps auparavant. Le coup de feu n'avait pas pu venir de l'autre côté de la ligne de front étant donné l'angle. Le gardien s'était vengé. En tout, j'ai passé sept mois dans les camps, et perdu un tiers de mon poids».

Et puis il y a l'histoire d'Emir. Ce dernier travaillait dans une station-service dans la ville de Visegrad, dans le sud-est du pays, lorsque la guerre a éclaté. «Nous nous sommes cachés dans les bois et avons vu les troupes paramilitaires serbes brûler entièrement notre village. Nous pouvions les entendre tirer sur les gens et les tuer». Avec des dizaines d'autres qui se cachaient dans les bois, Emir a fini par se laisser convaincre de quitter la forêt. On leur avait promis qu'ils seraient transportés hors de Bosnie.

«Nous étions 50 dans un bus. Au départ, on nous avait dit que nous irions en Macédoine, mais ensuite il y a eu un changement de plan, et on nous a dit que nous allions être échangés contre des prisonniers serbes. Ensuite ils ont commencé à nous frapper et progressivement j'ai eu peur qu'il n'y ait plus du tout d'échange. Après des heures passées dans le bus, arrivés en haut d'une petite colline on nous a fait descendre du bus. On nous a fait marcher en colonne par deux. Je fermais la marche. Nous avions les mains attachées dans le dos avec du fil de fer. Il nous restait un tout petit espoir d'être sur le point d'être échangés – nous n'étions pas loin de la ligne de front».

«C'est alors qu'on a dit aux deux premiers d'avancer. Ils se tenaient tout près d'un buisson, à environ 20 mètres de moi. Ils ont été tués à bout portant. Leurs corps sont tombés à la renverse, dans ce qui, je l'ai découvert plus tard, était une cave, dissimulée par le fourré. Le reste du groupe s'est brusquement senti glacé. Il n'y avait pas de hurlements, pas de panique, pas de pleurs, seulement la paralysie la plus totale. Ils ont exécuté 10 d'entre nous, la plupart étaient mes amis et des membres de ma famille». Le commandant serbe a ordonné aux deux gardes qui se trouvaient derrière la ligne de passer devant pour prendre part aux assassinats. C'est alors que j'ai ressenti ce petit coup sur mon épaule. Je me suis retourné. Il n'y avait personne. Ils continuaient la tuerie. Je me suis dit «Ça y est, ça y est». J'ai fait demi-tour et me suis mis à courir, les mains toujours attachées. J'avais déjà fait six ou sept mètres quand brusquement j'ai senti la chaleur des balles qui me dépassaient. Après 30 mètres, j'ai glissé sur des feuilles et regardé derrière moi. Personne ne semblait me suivre. J'ai continué à courir».

Ce n'est que quatre heures plus tard qu'Emir a finalement pu trouver refuge dans un village musulman. Une fois remis de ses blessures, il s'est mis en route pour gagner le territoire tenu par les Bosniaques. Six ans plus tard, il conduira les enquêteurs du TPIY sur la scène de cette tuerie. En pénétrant dans la cave, ils y ont trouvé 49 corps. Tous ceux avec qui il avait marché avaient été tués et jetés dans la cave. Il était le seul survivant, le seul témoin.

Afin d'apporter une assistance aux victimes de la torture comme Emir, le CTV adopte une approche globale. Dans le cadre de leurs efforts pour fournir une aide à la fois pratique et professionnelle aux milliers de victimes de la torture, les membres du personnel distribuent des médicaments, écoutent les histoires des victimes et tentent de les aider à affronter les cauchemars qui continuent de les hanter.

En plus de s'occuper des cas individuels, le Centre est fermement déterminé à s'attaquer à un certain nombre de questions plus vastes liées à la torture. Grâce au soin mis en place pour assurer le suivi et l'enregistrement de chaque cas, le Centre a acquis de précieuses connaissances sur les méthodes de torture, l'incidence de celle-ci et les séquelles causées à long terme aux victimes et à leurs familles. Son rôle est crucial car il prépare les clients à affronter le traumatisme que représente pour eux le témoignage devant le TPIY à la Haye. Les membres du personnel participent régulièrement aux conférences internationales sur la torture.

Le travail du Centre comprend un autre aspect clé, celui de la prévention. Le Centre a organisé plus de 60 séminaires, suivi par plus de 1 500 agents des forces de police bosniaques. Les thèmes abordés sont les actes constituant des actes de torture, les conséquences éventuelles pour les auteurs et les victimes, ainsi que les accords internationaux ratifiés par la Bosnie-Herzégovine. Les agents ont également effectué des recherches sur des études de cas afin de pouvoir reconnaître et réagir aux situations de torture.

Pour le Docteur Lejla Cakovic, c'est la planification sur le long terme qui manque cruellement. «Il est très difficile de traiter des personnes atteintes de blessures mentales et physiques aussi profondes sans avoir la sécurité d'un financement durable. Par exemple, une personne peut avoir besoin de médicaments pour le restant de ses jours, médicaments que nous ne pourrons peut-être lui fournir que pendant 12 mois. Il est impossible de structurer un traitement ou une évolution. Nous passons beaucoup de temps à jongler entre les besoins de nos clients et la nécessité de solliciter des fonds – et ce n'est pas idéal».

«Depuis 1997, nous avons traité quelques 2 000 victimes directes de la torture, et environ 6 000 victimes indirectes», déclare le Docteur Salcic. «Nous sommes très fiers d'avoir aidé tant de personnes. Le problème, c'est qu'il y en a tant d'autres dehors. Les blessures sont profondes, et ce n'est pas seulement aux victimes de la torture qu'il nous faut penser, mais aussi à leurs familles, et particulièrement aux enfants. Le travail que nous fournissons au centre est nécessaire…aujourd'hui et pour les années à venir».

Amir était capitaine sur un des bateaux navigant sur le fleuve Sava.
Il avait étudié à l'Académie navale de Belgrade et son travail le faisait voyager
dans le monde entier.

Lorsque la guerre a éclaté dans sa ville natale de Brcko, Amir et sa famille ont été capturés par l'armée serbe et emprisonnés dans le fameux camp de «Luka» («port»). Les conditions d'incarcération étaient primitives et les coups fréquents. Beaucoup de personnes sont mortes. Le commandant du camp se surnommait lui-même le «Hitler serbe». Le fils d'Amir a été roué de coups et ses filles souvent victimes d'agressions.

Un baraquement militaire abandonné tout près du fameux camp Heliodrom de Mostar, où des milliers de bosno-musulmans ont été emprisonnés en 1993.

Ibrahim était emprisonné dans le même camp qu'Amir. Ils se retrouvent fréquemment pour parler de ce qu'ils ont vécu durant la guerre. Ibrahim montre comment les gardiens serbes le poussaient contre le mur pour le battre.

Samir vit avec sa femme et leurs trois enfants dans la modeste maison inachevée qu'il a construite à la périphérie de Sarajevo. Il a passé la guerre dans la ville bosniaque assiégée de Zepa. Comme la plupart des hommes adultes, il a rejoint l'armée bosniaque pour protéger la petite enclave qui avait été déclarée zone sûre des Nations Unies. La femme de Samir et leurs trois enfants ont été déportés en zone libre, tandis qu'il décide de franchir le fleuve Drina. Il est arrêté et interné dans un camp de prisonnier en Serbie, où il est torturé. Il est relâché en avril 1996, cinq mois après la signature des Accords de paix de Dayton.

Après la guerre, en l'absence d'autres alternatives, Samir a de nouveau rejoint l'armée bosniaque. Il en est très vite libéré pour des raisons de santé, et souffre aujourd'hui d'insomnies, de troubles cardiaques et de dépression. Ses pieds le font souffrir à cause des coups qu'il a reçus dans le camp.

Avant la guerre, Milorad enseignait dans une école pour les enfants ayant des besoins pédagogiques spéciaux. Les forces croates l'ont arrêté dans sa ville natale d'Orasje, dans le nord de la Bosnie, et forcé à creuser des tranchées sur la ligne de front militaire. Un garde croate lui a tiré dessus, à la suite de quoi il a fallu lui amputer le bras au-dessous du coude.

Une force tranquille

Elizabeth Odio Benito. Costa Rica. Membre du Conseil d'administration de 1983 à 2003

C'est avec fierté que pendant vingt ans, j'ai fait partie du Conseil d'administration du Fonds de contributions volontaires des Nations Unies pour les victimes de la torture. Tout au long de ces années, nous étions heureux d'approuver, au cours de nos travaux, le financement d'une grande variété de projets proposés par des nombreuses et impressionnantes organisations. Le Fonds de contributions volontaires a toujours joué un rôle crucial en apportant son aide à ces organisations. Pour beaucoup d'entre elles, ce soutien financier est essentiel car il leur donne la capacité d'offrir des prestations multiples à leurs clients.

Le Fonds demeure néanmoins un héros méconnu parmi les initiatives mises en place pour lutter contre les violations graves des droits de l'homme, notamment la torture. Même si le Fonds est moins visible sur la scène internationale que d'autres entités qui s'occupent de la question de la torture – le Rapporteur spécial sur la torture, le Comité des Nations Unies contre la torture, le Protocole facultatif à la Convention sur la torture, et le Comité européen pour la prévention de la torture – il n'en demeure pas moins le seul mécanisme à fournir une assistance directe aux victimes. En effet, la composante humanitaire du Fonds d'affectation spéciale au profit des victimes de la Cour pénale internationale est en partie calquée sur le modèle du Fonds.

Je suis convaincue que le Fonds doit continuer à être soutenu. Cependant, si l'on veut qu'il aille au-delà de ses objectifs actuels et qu'il apporte une plus grande assistance à des organisations qui sont confrontées à un nombre croissant de victimes de la torture, il faudra que les États Membres de l'Organisation des Nations Unies augmentent leur soutien financier.

Soutenir la société civile

Krassimir Kanev. Bulgarie. Membre du Conseil d'administration de 2006 à 2009

Malgré la reconnaissance universelle de la torture en tant que crime, aux niveau national et international, elle continue d'être largement pratiquée. Sans aucun doute, son éradication dépend de la détermination unanime de ceux qui ont le devoir de poursuivre et de punir son usage. Ceci prend une importance particulière à l'heure actuelle où on entend des voix qui veulent transiger et tolérer l'usage de la torture. Cependant, son éradication dépend surtout des initiatives concrètes d'une société civile active. Il s'agit des organisations pour les droits de l'homme et des individus qui défendent ces droits à la base, surveillent les pratiques de la torture, offrent aux victimes une aide juridique et des services de réadaptation, et font campagne pour sa prévention et sa répression. C'est au moyen de leur travail que nous pouvons identifier des réussites dans la lutte contre la torture dans les années récentes. Conscient des risques auxquels ils s'exposent, j'admire leur courage et leur détermination. Je suis convaincu que c'est le soutien d'une société civile active qui constitue la substance du travail du Fonds de contributions volontaires des Nations Unies pour les victimes de la torture. Personnellement, je viens de ces milieux et comprends les risques et les incertitudes auxquels les acteurs de la société civile font face. Mais je suis aussi conscient de leur détermination, de leur foi, de leur solidarité et de leur aptitude à la compassion. Le Fonds doit identifier et soutenir les programmes illustrant ces caractéristiques de manière exemplaire, et c'est avec fierté que je contribuerai à ces efforts.

Combattre la torture :
La contribution du droit international

Walter Kälin

1. Il est interdit de torturer

L'abolition de la torture comme moyen *légal* de contraindre un individu à avouer une infraction représente une des avancées majeures de la civilisation humaine.

Dès le treizième siècle, les autorités judiciaires en Europe continentale acceptaient fréquemment l'usage de la torture comme moyen légalement acceptable d'obtenir des aveux si les deux témoins oculaires prévus par la procédure pénale faisaient défaut. Nombreuses étaient les victimes qui avouaient des délits qu'elles n'avaient pas commis uniquement pour arrêter la douleur car les «affres de la torture incitent à parler, mais pas forcément à dire la vérité»[1].

La reconnaissance de l'inefficacité de la torture comme moyen d'obtenir des renseignements a coïncidé avec l'apparition et l'acceptation en Europe occidentale de l'idée selon laquelle les êtres humains possèdent une dignité inhérente qui ne saurait en aucun cas être violée. La déclaration française des droits de l'homme et du citoyen de 1789 affirme que «[l]es hommes naissent et demeurent libres et égaux en droits» (article premier). Conformément à ce même principe, elle établit des directives qui régissent le traitement des individus, notamment que «s'il est jugé indispensable de l'arrêter, toute rigueur qui ne serait pas nécessaire pour s'assurer de sa personne doit être sévèrement réprimée par la loi» (article 9). C'est l'influence combinée de ces évolutions intervenues à la fin du dix-huitième siècle et au début du dix-neuvième siècle qui a conduit l'Europe à abolir l'usage de la torture comme instrument de procédure pénale.

La prohibition légale de la torture a signifié que cette dernière ne pouvait plus être utilisée pour arracher des aveux recevables comme éléments de preuve dans la procédure pénale. Cependant, la torture a continué à être pratiquée comme moyen d'obtenir des informations, ou de punir et d'intimider des groupes et des individus. Son usage s'était répandu à tel point durant la guerre civile espagnole de 1936 à 1939, dans l'Allemagne nazie, dans les camps de prisonniers de guerre d'Asie et de l'URSS de Staline, que dès la fin de la Deuxième Guerre mondiale les gouvernements et les opinions publiques réclamèrent de toute urgence son interdiction, ainsi que celle de pratiques similaires.

Sous cette pression, les États ont élaboré des dispositions relatives à la torture dans plusieurs documents et instruments internationaux relatifs aux droits de l'homme qui furent adoptés dans une succession rapide, à savoir :

- L'article 5 de la Déclaration universelle des droits de l'homme de 1948 suivant lequel «Nul ne sera soumis à la torture, ni à des peines ou traitements cruels, inhumains ou dégradants»;

- L'article 3 commun aux Conventions de Genève de 1949 relatives au droit humanitaire international qui interdit «les mutilations, les traitements cruels, tortures et supplices» au cours des conflits armés internes «en tout temps et en tout lieu»; et
- L'article 3 de la Convention européenne des droits de l'homme de 1950 qui interdit catégoriquement la torture en affirmant que nul ne peut être soumis à «la torture ni à des peines ou traitements inhumains ou dégradants».

Ces dispositions sont à l'origine de la prohibition de la torture dans le droit international de même que de l'insertion de la prohibition explicite de la torture dans les constitutions nationales et dans la législation de nombreux autres pays.

Ces fondements seront consolidés en 1966 avec l'adoption de l'article 7 du Pacte international relatif aux droits civils et politiques qui réaffirme l'interdiction absolue de la torture et des peines ou traitements cruels et inhumains. On retrouve cette interdiction dans la Convention américaine de 1969 relative aux droits de l'homme ainsi que dans la Charte africaine des droits de l'homme et des peuples de 1981, mais aussi à l'article 37 de la Convention relative aux droits de l'enfants de 1989 et à l'article 10 de la Convention internationale sur la protection des droits de tous les travailleurs migrants et des membres de leur famille de 1990.

L'adoption en 1984 de la Convention contre la torture et autres peines ou traitements cruels, inhumains ou dégradants (Convention contre la torture) représente une étape clé dans la lutte contre la torture. Au moment de son adoption, la prohibition de la torture était déjà bien ancrée dans le droit international des droits de l'homme ainsi que dans le droit international coutumier. Partant du principe que cette prohibition va de soi, la Convention ne proscrit pas explicitement la torture, mais en élabore une définition concise et précise les étapes que les États doivent suivre pour faire de son interdiction une réalité.

Par ailleurs, la prohibition de la torture est rappelée par les accords internationaux, et en vertu du droit international coutumier, elle s'impose également aux États qu'ils aient ou non accepté lesdits accords. Le droit international coutumier se base sur un comportement constant qu'adoptent les États parce qu'ils y sont contraints et sur le fait qu'ils considèrent que tout écart par rapport à la norme est une violation de ce droit. S'il est vrai que la torture est une pratique généralisée, l'État qui torture ne se livre pas à un exercice licite de sa souveraineté mais à une violation de ses obligations légales les plus élémentaires. Il en découle qu'aucun État ne peut faire valoir l'exercice d'un droit souverain en pratiquant la torture.

Parce que ces interdictions de la torture s'imposent aux États, et non aux individus, ce sont les États et non les auteurs individuels qui portent la responsabilité des actes de torture. Cela ne signifie pas que les individus ne sont pas liés par certains éléments du droit international. L'article 7 du Statut de Rome de la Cour pénale internationale de 1998 précise que les actes de torture commis par des individus peuvent être considérés comme des crimes contre l'humanité dès lors qu'ils relèvent d'une attaque généralisée ou systématique contre toute population civile, ou alors en application ou dans la poursuite de la politique d'un État ou d'une organisation ayant pour but ce genre d'attaque, y compris lorsqu'elle est lancée par des acteurs non-étatiques. De la même façon, tout acte de torture commis par un individu dans le contexte d'un conflit armé, international ou interne, est réputé être un crime de guerre punissable (article 8).

2. La torture consiste à infliger de manière délibérée des souffrances aiguës dans un but précis

L'article premier de la Convention contre la torture donne une définition détaillée de la torture, selon laquelle l'acte de torture caractérisé comprend obligatoirement trois éléments fondamentaux. Ces éléments sont: (1) une douleur ou des souffrances physiques ou mentales aiguës, (2) infligées dans le but précis notamment celui d'obtenir des renseignements ou des aveux, de punir ou d'intimider la victime ou une tierce personne, ou de faire pression sur la victime ou une tierce personne, (3) par un agent de la fonction publique ou toute autre personne agissant à titre officiel ou à son instigation ou avec son consentement exprès ou tacite. La présente définition exclut la douleur ou les souffrances «inhérentes [aux sanctions légitimes] ou occasionnées par elles». Autrement dit, même les formes licites de peines, par exemple une peine prolongée d'emprisonnement, peuvent occasionner une douleur et une souffrance. Cependant, celles-ci sont parfois une conséquence inévitable de la peine, et ne constituent pas forcément en elles-mêmes une torture. Il n'en reste pas moins vrai que des formes particulièrement cruelles de châtiment, autorisées par la loi, comme l'exécution d'une sentence de mort dans une chambre à gaz, peuvent être considérées comme une torture parce que ces peines ne débouchent pas sur une mort rapide, mais provoquent au contraire des souffrances et une agonie prolongées[2].

3. La torture est déshumanisante

La définition juridique de la torture ne reproduit pas l'essence de cette forme grave de violation des droits de l'homme. Dans sa définition on trouve le fait d'infliger une douleur, alors qu'un traitement médical salvateur peut lui aussi s'accompagner de douleurs. Quelle est alors l'essence de la torture, et pourquoi donc les États reconnaissent-ils à travers le droit international coutumier et les traités la nécessité de son interdiction absolue?

Ceux qui ont négocié les dispositions clés sur la torture dans la Déclaration universelle des droits de l'homme et les Conventions de Genève n'étaient pas de naïfs idéalistes mais des diplomates et des hommes politiques qui avaient vécu les horreurs de la Deuxième Guerre mondiale. Ils savaient que la torture déshumanise en laissant derrière elle de profondes et traumatisantes séquelles qui détruisent la personnalité de la victime. Parce qu'ils en avaient saisi toute l'horreur, ils étaient parvenus à la conclusion qu'il fallait l'interdire dans l'intérêt de l'humanité. Le représentant du Royaume-Uni,

Charles Sommors Cocks, s'était fait l'écho d'un sentiment largement partagé en proposant, au cours de l'élaboration de la Convention européenne des droits de l'homme, que le Conseil de l'Europe déclare «que toutes formes de torture physique, qu'elle soit infligée par les forces de police, les autorités militaires, des membres appartenant à des organisations privées ou par toute autre personne sont incompatibles avec la société civilisée, et offensent le Ciel et l'Humanité» et pour ces raisons «la torture ne saurait être permise dans quelque but que ce soit, ni pour arracher des preuves, sauver des vies ni même pour assurer la sûreté de l'État»[3].

La Déclaration et le Programme d'action de Vienne de la Conférence mondiale sur les droits de l'homme de 1993 insiste sur le fait que la torture doit être considérée comme «l'une des violations les plus atroces de la dignité humaine» parce que, comme l'a dit à juste titre Peter Kooijmans, le premier Rapporteur spécial sur la torture et autres peines ou traitements cruels, inhumains ou dégradants (Rapporteur spécial sur la torture), elle «annihile la personnalité humaine»[4]. Manfred Nowak, l'actuel Rapporteur spécial sur la torture, la qualifie comme «une attaque directe portée au plus profond de la personne humaine»[5] qui réduit les victimes à une impuissance absolue, les transforme en simples objets, détruisant leur dignité d'êtres humains. La torture blesse le corps et atteint directement l'âme. Les plaies que la torture inflige ne guérissent parfois jamais. En effet, et les rapports reproduits dans le présent ouvrage l'attestent, les victimes de la torture demeurent souvent traumatisées pour le restant de leur vie. Et tout le monde sait que les conjoints et les enfants des victimes continueront pendant longtemps à en porter les séquelles.

La torture est un traumatisme pour les victimes et leur famille tout comme pour la société dans laquelle elle est pratiquée. L'écrivain chilien Ariel Dorfman décrit avec force le prix payé par la société:

> «La torture…plac[e] la victime au-delà et hors de portée de toute compassion ou empathie, [et] exige de tous la même distanciation, la même torpeur, de la part de ceux qui savent et ferment les yeux, de ceux qui ne veulent pas savoir et ferment les yeux…et se bouchent les oreilles et le cœur. La torture, dès lors, non seulement corrompt ceux qui participent directement à ce contact terrible entre deux corps…mais aussi l'ensemble du tissu social en intimant le silence sur ce qui s'est passé entre ces deux corps. Elle force les gens à faire croire que rien…ne s'est passé, ce qui exige que nous nous mentions à nous-mêmes sur ce qui se passe non loin de nous tandis que nous parlons, que nous mastiquons une barre de chocolat, sourions à un amant ou à une amante, lisons un livre, écoutons un concert, faisons nos exercices matinaux. La torture nous oblige à être sourds, aveugles et muets. Sans cela nous ne pourrions pas continuer à vivre. Sans cesse conscients de cette horreur incessante, nous ne pourrions pas continuer à vivre»[6].

Les effets dévastateurs et multigénérationnels de la torture sur ses victimes et la société conduisent, à juste titre, à considérer que les actes de torture sont une violation, comme la Cour européenne des droits de l'homme l'a souligné, des «valeurs fondamentales des sociétés démocratiques»[7] et qu'ils menacent les fondations mêmes de ces sociétés.

4. On peut et on doit arrêter la torture

Les États doivent s'abstenir de recourir à la torture: La torture a été déclarée l'une des violations suprêmes des droits de l'homme, et à ce titre les États doivent veiller pleinement à son interdiction. La prohibition de la torture, avant tout, oblige les États à s'abstenir de torturer quiconque. Le droit international relatif aux droits de l'homme, en particulier la Convention contre la torture, donne de manière détaillée aux États les moyens d'arrêter et d'éradiquer la torture. L'obligation qui leur est faite de respecter ce droit de l'homme fondamental en toutes circonstances s'est avérée insuffisante pour arrêter la pratique de la torture. Pourtant, si les étapes indiquées dans la Convention contre la torture étaient effectivement mises en œuvre, elles permettraient son éradication.

Les États doivent prévenir la torture: La prévention est primordiale tant les effets psychologiques de la torture sont dévastateurs. La Convention contre la torture impose à chaque État de prendre «des mesures législatives, administratives, judiciaires et autres mesures efficaces pour empêcher que des actes de torture soient commis…» (article 2). Ces mesures comprennent l'incorporation d'informations concernant l'interdiction de la torture au programme de formation des agents de la fonction publique, en particulier des forces de police et de tout autre personnel chargé de l'application des lois qui peuvent intervenir auprès des personnes privées de leur liberté (article 10). Ces mesures consistent également dans l'exercice d'une surveillance systématique des «règles, instructions, méthodes et pratiques d'interrogatoire et [des] dispositions concernant la garde et le traitement des personnes arrêtées, détenues ou emprisonnées» (article 11). Le Comité contre la torture, qui surveille la mise en œuvre de la Convention, considère que l'insertion d'une prohibition explicite de la torture dans le droit pénal d'un État représente une mesure de prévention vitale.

Le Protocole facultatif à la Convention contre la torture établit «un système de visites régulières, effectuées par des organismes internationaux et nationaux indépendants, sur les lieux où se trouvent des personnes privées de liberté, afin de prévenir la torture et autres peines ou traitements cruels, inhumains ou dégradants» (article premier). Il crée le Sous-Comité pour la prévention de la torture et autres peines ou traitements cruels, inhumains ou dégradants et oblige les États à se doter de mécanismes de prévention nationaux en chargeant les organes internes désignés à cet effet d'organiser des visites régulières sur les lieux de détention, afin de rechercher les moyens susceptibles d'empêcher les mauvais traitements.

L'expérience de l'Europe, où un mécanisme identique de visites préventives a été instauré en 1987 par la Convention européenne pour la prévention de la torture et des peines ou traitements inhumains ou dégradants, montre que les visites indépendantes effectuées sans entrave par des organismes spécialisés sur les lieux de détention contribuent de manière significative à empêcher la torture. De tels organismes sont en mesure d'examiner les conditions de détention et de formuler des recommandations en vue d'apporter des améliorations immédiates, d'instaurer un dialogue en continu avec le personnel et les autorités qui ont la charge des détenus, ainsi que d'offrir des conseils pratiques. Leur seule existence a un effet dissuasif sur les autorités chargées d'appliquer la loi ainsi que sur le personnel carcéral. Antonio Cassese, qui a été le premier Président du Comité européen pour la prévention de la torture, laisse entendre que le système des visites préventives «représente une «incursion» par la force des principes d'éthique dans le pouvoir. Il consacre et réaffirme les valeurs éthiques…en les rendant opérationnelles par la mise en place d'un corps d'inspecteurs internationaux»[8].

Les États doivent enquêter sur les actes de torture et punir leurs auteurs: C'est principalement l'impunité des actes de torture qui explique qu'elle demeure si répandue. Par conséquent, c'est au niveau national qu'il faut agir, c'est-à-dire enquêter sur les actes de torture et poursuivre les auteurs. La Convention contre la torture dispose que toute personne qui prétend avoir été victime de torture a le droit de porter plainte devant les autorités compétentes de l'État qui procéderont immédiatement et impartialement à l'examen de sa cause s'il y a des motifs raisonnables de croire qu'un acte de torture a été commis (articles 12 et 13). De leur côté, les États doivent veiller à ce que leur législation nationale rende passibles de poursuites pénales tous les actes de torture, et que la gravité de ce crime se reflète dans les peines prononcées à l'encontre des auteurs.

Les autorités publiques doivent aussi faire en sorte de poursuivre les personnes présumées auteurs d'actes de torture qui se trouvent sur un territoire relevant de leur juridiction et, de veiller à ce que les peines prononcées soient proportionnelles à la gravité du crime. Le Comité contre la torture a souligné que dans le cas où la personne soupçonnée de s'être livrée à des actes de torture est retrouvée à l'étranger, l'État dans lequel elle a commis les actes de torture en demandera l'extradition aux fins de jugement. La Convention fait obligation aux États d'accéder à cette demande. L'État qui refuse d'accéder à la demande doit alors traduire lui-même la personne en justice. De cette façon les États parties à la Convention garantissent que toute personne faisant l'objet d'allégations de torture pourra se voir demander des comptes par une cour de justice, quelque soit le lieu où elle ait été retrouvée.

Les États doivent assurer la réadaptation des victimes de la torture: La torture inflige des séquelles psychologiques qui persistent longtemps après la guérison des blessures physiques. Le droit relatif aux droits de l'homme reconnaît que le fait d'accorder des réparations et des compensations aux victimes peut renforcer le processus de guérison en confortant chez elles le sentiment qu'il existe bien une justice. La Convention oblige les États parties à garantir «à la victime d'un acte de torture, le droit d'obtenir réparation et d'être indemnisée équitablement et de manière adéquate, y compris les moyens nécessaires à sa réadaptation la plus complète possible» (article 14).

Les États ne doivent pas transférer des individus dans des pays où ces derniers risquent d'être torturés: Il est interdit aux États de transférer un individu dans un autre État dans lequel il existe pour cette personne un risque important d'être torturée. Cela vaut quelle que soit la qualification juridique donnée à un tel transfert – extradition, expulsion ou déportation. Un transfert dans ces circonstances est inhumain, et par conséquent interdit par le droit international des droits de l'homme. Plus spécifiquement, l'article 3 de la Convention interdit catégoriquement l'expulsion, le refoulement ou l'extradition «d'une personne vers un autre État où il y a des motifs sérieux de croire qu'elle risque d'être soumise à la torture». Cette interdiction est également consacrée dans d'autres instruments internationaux ou régionaux. Il existe, par ailleurs, tout un corps de décisions portant principalement sur cette interdiction, qui ont été formulées par le Comité contre la torture, le Comité des droits de l'homme et la Cour européenne des droits de l'homme.

5. Des comptes peuvent être demandés aux États et aux personnes responsables d'actes de torture

Les violations de ces obligations sont une réalité dans de nombreux États. Bien trop souvent, les responsables ne sont pas inquiétés.

Faute de protection des droits de l'homme, les victimes de mauvais traitements partout dans le monde ne pouvaient qu'accepter leur sort, considéré comme légitime et normal. Aujourd'hui, tous ceux qui souffrent de la torture, dans la solitude, trouveront peut-être une consolation en sachant que leurs tortionnaires doivent rendre des comptes à la justice et qu'ils peuvent être reconnus coupables au niveau international. Les droits de l'homme imposent des obligations juridiques et de ce fait sont une mesure permettant d'évaluer et de punir les violations. Pour forcer les États et les personnes à rendre des comptes, la communauté internationale s'est dotée de toute une série d'organes chargés de surveiller et de mettre en œuvre l'interdiction de la torture aux niveaux universel et régional.

Les organes des Nations Unies chargés de contrôler l'application des traités, et plus particulièrement le Comité contre la torture et le Comité des droits de l'homme sont régulièrement saisis de cas de violation de l'interdiction de la torture. Créés respectivement par la Convention et par le Pacte international relatif aux droits civils et politiques, ces Comités regroupent des experts indépendants élus par les États parties aux traités. Ils se réunissent pour examiner les rapports présentés par les États parties concernant les mesures prises par ces derniers pour mettre en œuvre leurs obligations en matière de droits de l'homme au niveau national, les facteurs à prendre en compte, les difficultés rencontrées, et les actions prises ou envisagées pour les résoudre. Ces questions sont discutées avec la délégation de l'État partie. Le Comité adopte des conclusions et des recommandations appelées «observations finales».

Les organes chargés de contrôler l'application des traités sont aussi habilités à examiner les requêtes individuelles émanant des particuliers victimes d'actes de torture, si l'État en cause a accepté la compétence du Comité pour connaître de ces plaintes. Les décisions de ces Comités (appelées «constatations») ne sont pas contraignantes au sens juridique strict, mais constituent des déclarations d'une grande autorité sur la violation ou non de ses obligations par l'État concerné. De plus, si le Comité contre la torture reçoit des informations fiables indiquant de manière fondée qu'un État partie pratique la torture, il peut demander à l'État en cause sa coopération pour enquêter sur ces allégations.

La procédure 1503 de la Commission des droits de l'homme: La procédure 1503 autorisait les particuliers ou les groupes de personnes se déclarant victimes de violations des droits de l'homme ainsi que toute personne ou groupe de personnes disposant d'informations directes et fiables sur les violations alléguées de déposer une plainte. Un grand nombre des plaintes déposées concernait des allégations de torture. Les critères pour déposer une plainte étaient moins stricts que ceux prévus par le système des organes de surveillance des traités, mais cette procédure confidentielle ne permettait pas d'accorder de réparation aux individus. Par contre, elle permettait potentiellement d'attirer l'attention sur une situation particulière et d'agir comme système d'alerte préventif en révélant de manière fiable les signes de violations graves et attestées des droits de l'homme. Cette procédure a été modifiée en 2000 par le Conseil économique et social afin d'améliorer son efficacité, de faciliter le dialogue avec les gouvernements et d'assurer des débats plus constructifs sur les plaintes. Il reste à voir si le Conseil des droits de l'homme, créé en mars 2006 pour remplacer la Commission des droits de l'homme la conservera.

Le Rapporteur spécial sur la torture est un expert indépendant chargé par la Commission des droits de l'homme de lui transmettre tout appel urgent faisant cas d'allégations de torture présente et passée et d'effectuer des visites de vérification dans les pays qui, à cet effet, lui délivreront une invitation officielle. Le Rapporteur spécial faisait rapport chaque année à la Commission des droits de l'homme et à l'Assemblée générale, ce qui permettait d'entamer des discussions au sujet des situations particulières au niveau politique le plus haut, et pouvait déboucher sur une résolution condamnant la pratique de la torture dans un pays donné. On pense que le nouveau Conseil des droits de l'homme conservera cette fonction.

Les tribunaux pénaux internationaux. Le Tribunal pénal international de la Haye, (Pays-Bas), le Tribunal pénal international pour l'ex-Yougoslavie, (La Haye) et le Tribunal pénal international pour le Rwanda (Arusha, République-Unie de Tanzanie), de même que la Cour spéciale pour la Sierra Leone (Freetown, Sierra Leone), sont habilités à connaître des affaires de torture constituant des crimes contre l'humanité et des crimes de guerre. Ces juridictions ont toute autorité pour poursuivre les auteurs de tels actes.

Les tribunaux régionaux compétents en matière de droits de l'homme. Parmi eux, la Cour européenne des droits de l'homme à Strasbourg (France) et la Cour interaméricaine relative aux droits de l'homme à San José (Costa Rica) peuvent être saisies contre un État partie et leurs arrêts ont un effet contraignant. La Cour interaméricaine émet aussi des avis consultatifs. Les deux Cours ont été saisies à de nombreuses occasions dans des affaires de torture. Ces mécanismes sont complétés par la Commission interaméricaine des droits de l'homme qui enquête sur les affaires de torture portées à sa connaissance, et par le Comité européen pour la prévention de la torture qui dépêche des équipes sur les lieux de détention à l'intérieur de tous les États Membres du Conseil de l'Europe dans le but de prévenir les mauvais traitements. La Cour africaine des droits de l'homme et des peuples a été créée par le Protocole de 1998, entré en vigueur en 2004. Bien que ses juges aient été nommés par l'Assemblée des chefs d'État et de gouvernement de l'Union africaine à sa dernière session, la Cour n'a pas encore siégé. En attendant, c'est la Commission africaine des droits de l'homme et des peuples qui s'occupe activement des affaires de torture par le biais de son Rapporteur spécial sur les prisons et les conditions de détention en Afrique et de son mécanisme pour le suivi des plaintes émanant des particuliers.

Les juridictions nationales: Les juridictions nationales sont fondamentales dans la lutte contre la torture. Elles décident des poursuites pénales en cas de torture ainsi que de l'octroi de compensation aux victimes dans les affaires pénales et civiles. Ces juridictions décident également d'accéder ou non à une demande d'extradition des tortionnaires présumés. Elles doivent, dans toutes ces questions, poursuivre l'objectif général du droit international, celui de l'éradication de la torture.

6. La torture doit rester absolument interdite

Face à la menace croissante que font peser les groupes et les réseaux terroristes, nationaux et internationaux, une fracture apparaît dans le consensus mondial qui s'était instauré sur l'interdiction absolue de la torture depuis la Deuxième Guerre mondiale. Certains gouvernements tentent de contourner cette interdiction en interprétant la torture et les peines et traitements cruels, inhumains et dégradants de manière restrictive, et remettent les personnes soupçonnées d'être des terroristes à des États dans lesquels elles seront maltraitées, acceptant comme éléments de preuve au cours de la procédure pénale des aveux extirpés sous la torture hors de leurs propres frontières. Lors des débats publics, on entend souvent l'argument selon lequel l'usage de la torture devrait être autorisé à l'encontre des terroristes pour leur arracher des informations qui permettront de déjouer un attentat, et ainsi de sauver des vies humaines. Ce que l'on appelle l'argument de la «bombe à retardement» permet de rationaliser la torture en justifiant la réalisation d'un moindre mal pour en éviter un plus grand.

Il est clairement démontré que la torture est inefficace. Le terroriste qui sait où se trouve la bombe enverra probablement la police sur une fausse piste, alors que la victime innocente dira tout ce que voudra entendre son tortionnaire. La torture n'est pas une garantie de vérité.

Les actes de torture ou les mauvais traitements ne peuvent être justifiés. Il est incontestable que tous les instruments internationaux relatifs aux droits de l'homme reconnaissent l'interdiction absolue de la torture et des peines ou traitements inhumains ou dégradants. Cette interdiction est valable à tout moment et en toutes situations, sans exception. Elle ne tolère absolument aucune dérogation, y compris en période d'état d'exception (article 4, paragraphe 2 du Pacte international relatif aux droits civils et politiques; article 2, paragraphe 2 et article 15 de la Convention contre la torture). La nature absolue de cette interdiction à laquelle il est impossible de déroger a été réaffirmée à nombreuses reprises par les organes et tribunaux internationaux relatifs aux droits de l'homme.

Une telle prohibition se justifie et doit être maintenue. Les instances supérieures des différentes juridictions nationales reconnaissent que la torture est odieuse. Plus récemment, le Comité judiciaire de la Chambre des Lords a proclamé que tout élément de preuve souillé par la torture était exclu au «motif de sa barbarie, de son illégalité et de son inhumanité»[9]. La Cour suprême indienne a qualifié la torture de «violation pure et simple de la dignité de l'homme et [de] dégradation qui détruisait, dans une très large mesure, la dignité de l'individu». Elle a rajouté que «chaque atteinte à la dignité de l'homme fai[sait] faire à la civilisation un pas en arrière»[10]. Cette dignité est inhérente à chaque être humain.

Permettre la torture à titre exceptionnel pour sauver de nombreuses autres vies humaines conduirait inévitablement à son usage généralisé. L'anticipation d'attentats terroristes rendrait plus pressante la nécessité d'arracher des informations au plus grand nombre possible de suspects. Or, jusqu'ici, aucun État ayant recouru à la torture «à titre exceptionnel» ne s'est avéré capable d'en limiter l'usage. La torture n'est jamais justifiable. En permettre l'usage c'est s'engager sur une pente extrêmement glissante. Le prix à payer est tout simplement trop élevé pour les personnes, pour la société et pour l'ensemble de l'humanité.

---

1 John H. Langbein, «The Legal History of Torture», dans *Torture: A Collection,* Sanford Levinson, éditeur (Oxford, Oxford University Press, 2004), p. 97.
2 Communication No. 469/1991, Chitat Ng c. Canada, constatations adoptées le 5 novembre 1993, CCPR/C/49/D/469/1991 (1994).
3 Council of Europe, *Collected Edition of the «Travaux Préparatoires», of the European Convention on Human Rights,* Volume II (Dordrecht, Council of Europe, 1976), p. 2 à 3.
4 Peter H. Kooijmans, «The Role and Action of the UN Special Rapporteur on Torture», dans *The International Fight Against Torture,* Antonio Cassese, éditeur (Baden-Baden, Nomos, 1991), p. 71.
5 Déclaration du Rapporteur spécial sur la torture, Manfred Nowak, à la 61ᵉ session de la Commission des Nations Unies des droits de l'homme, Genève, le 4 avril 2005.
6 Ariel Dorfman, «Foreword: The Tyranny of Torture», dans *Torture: A Collection,* Sanford Levinson, éditeur (Oxford, Oxford University Press, 2004), p. 8 à 9.
7 Selmouni c. France, 25803/94 [1999] CEDH 66 (28 juillet 1999).
8 Antonio Cassese, «The European Committee for the Prevention of Torture and Inhuman or Degrading Treatment or Punishment», dans *The International Fight Against Torture,* Antonio Cassese, editor (Baden-Baden, Nomos, 1991), p. 151.
9 *A (FC) and others (FC) v Secretary of State for the Home Department* [2005] UKHL 71 at 112.
10 *Basu v State of West Bengal* (1997) 1 SCC 416 at 438.

Les séquelles médicales de la torture : La mission des thérapeutes

Helen Bamber et Michael Korzinski

Il est inadmissible et inquiétant de voir perdurer, au début du vingt-et-unième siècle, la pratique de la torture dans le monde entier. Si on avait su maintenir l'élan du début en faveur de sa suppression, la torture aurait été supprimée depuis déjà bien longtemps et reléguée au grenier de l'histoire. Mais au lieu de cela, nous nous battons pour aider une fois de plus une nouvelle génération de survivants. Il nous faut redoubler d'efforts pour abolir la torture et traduire ses auteurs en justice.

Les instruments internationaux, la Déclaration universelle des droits de l'homme et la Convention contre la torture imposent des obligations juridiques qui sont cruciales dans la lutte contre la torture. Ces instruments ont été rédigés, comme d'autres traités internationaux relatifs aux droits de l'homme, au moment où le monde sortait exsangue de la guerre et de son cortège d'atrocités indescriptibles. Ces documents, qui représentent la plus noble des aspirations des hommes, établissent de par les obligations juridiquement contraignantes ainsi créées une ligne de démarcation à ne jamais franchir. La pratique de la torture est comparable à la boîte de Pandore. Une fois ouverte à l'intérieur de la société, elle entraîne durablement de lourdes conséquences pour les communautés, les familles et les individus. Il convient de comprendre que les soins aux victimes s'inscrivent dans un cadre international qui protège les droits de l'homme et condamne toute atteinte à ces derniers. Comme en médecine, traitement et prévention vont de pair.

Auteurs, victimes, survivants et personnels soignants, tous sont liés les uns aux autres. Leurs comportements et leurs interactions sont influencés par le lieu où est pratiquée la torture et par celui des soins. Par exemple, un médecin clinicien peut avoir devant lui un demandeur d'asile âgé de 25 ans, dont les allégations de torture ne sont pas prises au sérieux, et qui risque d'être renvoyé dans le pays où il prétend avoir été torturé. Les professionnels de la médecine sont tenus d'apporter les meilleurs soins possibles aux patients présentant des preuves cliniques de torture, quelle que soit leur situation juridique dans le pays où ils se trouvent.

De tels cas de figure se généralisent parce que les politiques d'immigration sont de plus en plus influencées par des considérations politiques en vue de diminuer le nombre des demandes d'asile agréées. De ce fait les personnels soignants, notamment les médecins et les psychologues ainsi que les travailleurs sociaux se trouvent placés dans une logique à sens unique. Cet état de fait amène tout médecin clinicien à s'interroger sur son propre rôle et sur ses responsabilités dans de pareilles circonstances. En effet, le médecin ou le praticien doit œuvrer pour les droits de l'homme en utilisant sa compréhension du dossier médical du patient pour plaider la cause de ce dernier.

À la Fondation Helen Bamber, nous assistons à des cas de décompensation psychotique lorsque le gouvernement nie que le patient ait été torturé et qu'il rejette sa demande d'asile. Souvent, les victimes de la torture vivent le rejet de leur demande comme un deuxième traumatisme – un déni, comme celui dont ils ont souffert entre les mains de leurs tortionnaires dans leur pays d'origine. Une fois que le patient a pu instaurer, avec le temps, une relation thérapeutique avec le médecin ou le conseiller, son impulsion d'autoannihilation peut être contrôlée. Il nous est arrivé, lorsque la relation protectrice ne s'était pas établie, d'assister à des scènes horribles dans lesquelles le patient s'infligeait des blessures. Un patient nous a été amené après avoir survécu à sa propre immolation, préférant cela à la perspective d'être renvoyé dans son pays et d'y être torturé. Plus de 60 pour cent de la surface de son corps sont aujourd'hui brûlés au troisième degré.

Le même médecin doit prendre des décisions cliniques difficiles concernant les meilleurs soins à apporter à un ancien prisonnier de guerre âgé de 85 ans qui vers la fin de sa vie, revit dans ses cauchemars comme à l'état de veille les scènes de la torture subie il y a 60 ans dans un camp de concentration. Tous ceux qui soignent des personnes ayant survécu à la torture sont aux prises avec ces questions complexes, et pour lesquelles il n'existe ni formules simples ni réponses aisées.

La torture entame profondément la santé des victimes. Ces soixante dernières années nous ont beaucoup appris sur la nature de la torture et sur les soins les plus appropriés à apporter aux survivants. Ces connaissances ont été acquises en écoutant attentivement les survivants et en apprenant grâce à eux. Les professionnels de tous horizons ont utilisé leurs compétences, au besoin en adaptant leurs techniques ou en en inventant de nouvelles. L'essentiel pour comprendre les conséquences psychologiques et physiques de la torture est de reconnaître le pouvoir et le contrôle omnipotents exercés par le tortionnaire sur la victime. Celle-ci se trouve placée en situation d'isolement et de vulnérabilité forcée, et est contrainte à maintenir une relation primaire avec un tortionnaire implacable et déterminé à détruire sa dignité et son bien-être. La sexualité, l'intimité, la confiance, les attouchements, l'amour, le sens de soi-même et de son pouvoir sur son propre corps sont autant d'éléments manipulés par le tortionnaire pour parvenir à ses fins. On entend souvent dire que la torture vise à arracher des renseignements. Or, nous nous sommes aperçus que son but sous-jacent est de tuer l'esprit.

La torture pervertit tout ce qu'il y a de bon dans les relations humaines. Une femme torturée sexuellement nous dit détester son corps et ne pas supporter que son époux la touche. Dès qu'elle s'est retrouvée devant ses tortionnaires, les yeux bandés et entièrement dévêtue, elle a compris que son existence ne serait plus jamais la même. C'est ce que lui ont rappelé avec brutalité ses tortionnaires. Les hurlements des autres femmes – ces femmes qu'elle entendait mais qu'elle n'a jamais vues, continuent à la tourmenter. Leurs souffrances sont venues s'ajouter à ses propres souffrances. Son mari ne sait pas qu'elle a été violée. Elle a l'impression que son corps ne lui appartient plus. Elle n'ose pas avouer le viol, même à ses amies les plus proches ni à quiconque de sa communauté pour éviter la honte d'être une femme «souillée».

Les hommes torturés sexuellement ressentent les mêmes souffrances. De nombreux termes et diagnostics psychologiques s'appliquent à ces sentiments. Dans certains cas, un diagnostic clinique redonne à la personne sa dignité, en affirmant la normalité de ses réponses humaines élémentaires à des évènements aussi extrêmes et dénigrants. Les phénomènes de cette nature sont bien documentés dans la littérature spécialisée sur la torture et bien connus de ceux qui travaillent dans ce domaine.

Nous nous sommes rendus compte que soigner les survivants de la torture peut s'apparenter à un cheminement à l'intérieur d'un labyrinthe. Notre rôle ne se limite pas à documenter les plaies à la tête, à photographier les cicatrices, ou à rédiger des rapports médico-légaux, même si tous ces efforts contribuent d'une manière extrêmement importante au processus de rétablissement de la personne. Chaque jour, nous devons affronter la réalité et nous rendre compte que ce qui a été bénéfique dans le cas d'une personne peut s'avérer inefficace, voire inapproprié dans le cas d'une autre. Chaque personne est unique de par son parcours et sa culture. Si l'on veut pouvoir influencer le rétablissement de la personne torturée, il nous faut d'abord comprendre ce que signifie pour elle la torture.

Comment une femme qui a été torturée pourra-t-elle un jour parvenir à se sentir bien dans sa peau? Comment pourra-t-elle redécouvrir son propre corps et sa propre sexualité? Comment pourra-t-elle de nouveau faire confiance à un homme? Le rétablissement se mesure à la capacité de bâtir des relations humaines saines et de retrouver une vie normale. Le rôle que nous, praticiens, pouvons jouer dans ce rétablissement dépend de notre aptitude professionnelle à adapter nos techniques et à écouter nos patients pour mieux les connaître.

Le travail que nous accomplissons auprès des femmes vendues comme prostituées nous a appris que la torture pouvait intervenir dans toute sa brutalité n'importe où, y compris au deuxième étage d'un appartement dans le nord de Londres. Les techniques utilisées pour briser la volonté de ces femmes nous sont familières. Elles attestent d'une modification des schémas d'oppression dans le monde qui indique que le terme «torture» ne doit plus être réservé aux seules victimes des États. Dans notre travail, nous avons mis au point de nouvelles interventions thérapeutiques axées sur le sentiment de dommage physique qui est ressenti par la personne.

Nous travaillons en ce moment auprès de victimes dont on a fait «disparaître» le conjoint ou les enfants durant les conflits précédents. Nous les aidons à pleurer ceux qu'ils ont perdus, et à se souvenir de leurs êtres chers tels qu'ils étaient, c'est-à-dire des personnes à part entière et non simplement des victimes de la torture et de la guerre tombées dans l'oubli. Nous avons sur place un poète dont le talent aide beaucoup de clients à pouvoir décrire des expériences pour lesquelles il n'y a pas de mots. Nous utilisons le savoir-faire de notre psychiatre, non pas pour transformer nos clients en cas pathologiques, mais pour apporter un appui à ceux dont le traumatisme a évolué vers des formes plus graves de décompensation. Mais cela arrive rarement, car tous nos efforts collectifs portent avant tout sur la prévention et le renforcement de la résistance et de la créativité de nos clients, qui sont des survivants.

D'année en année, le Fonds de contributions volontaires des Nations Unies pour les victimes de la torture a fait preuve d'imagination et de créativité en finançant une vaste gamme de réponses face à la myriade de circonstances dans lesquelles vivent les survivants, et ceux qui s'en occupent. C'est grâce à cette souplesse et à cette connaissance de l'intérieur que l'on peut aller à la rencontre des besoins des survivants du monde entier. Tant que la torture continuera à être pratiquée, le Fonds restera indispensable pour lutter contre celle-ci et faire valoir les droits des survivants à bénéficier des soins requis pour leur rétablissement. On ne peut que s'employer à parvenir un jour à ne plus avoir besoin du Fonds, parce que la torture aura été abolie.

Diagnostique médical et traitement

Les méthodes de tortures physiques et psychologiques pratiquées d'une culture à l'autre dans les différentes régions du monde font l'objet d'une abondante littérature. Une ou plusieurs techniques peuvent être appliquées aux victimes: coups physiques, postures pénibles, viol ou simulacre d'exécution. D'autres sont forcées d'assister à la torture d'inconnus ou d'êtres chers. Les techniques de torture tournent autour d'un certain nombre d'éléments de base variant en fonction de leur raffinement et de leur capacité à «briser» une personne.

L'impact de la torture sur celui qui y survit dépend de toute une série de variables, personnelles et extérieures. De fortes convictions politiques et religieuses peuvent accroître la résistance de quelqu'un. En effet, certaines personnes refusent de se voir en «victimes» et vont lutter pour transformer leur expérience et en tirer leur force. D'autres ont le sentiment d'avoir subi un tort physique et un traumatisme mental irréparables. Certaines sont incapables de réconcilier cette expérience avec leur sens du moi.

La réalité laisse à penser que même en présence d'une douleur physique extrême, la torture psychologique reste la plus traumatisante parce qu'elle menace de détruire le sens de soi de l'individu. Certaines techniques laissent des profondes cicatrices, provoquent des dommages neurologiques, des traumatismes musculaires, tandis que d'autres ne laissent pas de «traces physiques» apparentes. La torture porte aussi atteinte à l'estime qu'une personne a d'elle-même, à sa capacité de bâtir et d'entretenir des relations et d'affronter la complexité de la vie. La torture possède la capacité intrinsèque d'altérer substantiellement la manière dont la personne ressent son corps et se positionne par rapport au monde qui l'entoure.

Parce que la torture modifie l'individu à tous les niveaux de son être, les méthodes et les traitements appliqués regroupent souvent les éléments-types d'une vaste gamme de disciplines médicales: neurologie, orthopédie, physiothérapie, pédiatrie, santé sexuelle, médecine interne, psychologie, psychiatrie, psychothérapie, psychopharmacologie, médecine traditionnelle, médecines complémentaires, soutien communautaire et travail social. Ensemble, ces disciplines jouent un rôle important dans le rétablissement des survivants.

Cependant, la thérapie et la réadaptation des survivants de la torture sont des domaines complexes et souvent controversés. De nombreux débats sont en cours sur la «médicalisation» et la «pathologisation» des expériences des victimes de la torture et passent sous silence le rôle que peut jouer la justice politique et sociale dans le processus de guérison. Certains font valoir par ailleurs que le «rétablissement grâce à une vie normale» est mal connu et que les praticiens de ladite «industrie du traumatisme» sont maintenant impliqués dans la «fabrication de victimes». D'autres encore s'inquiètent du fait que l'Occident impose ses modèles médicaux et thérapeutiques aux sociétés non occidentales. Ces débats ont malheureusement divisé les défenseurs de cette idée et les praticiens, alors que de telles divergences n'ont pas leur place dans l'assistance de tous les jours. Pour pouvoir assurer des évaluations et des soins globaux il faut prendre en compte toutes les variables. C'est le médecin clinicien qui servira de pont entre ces divergences au profit de ses clients.

Les ouvrages qui décrivent l'émergence de nouvelles techniques de torture témoignent de l'imagination cruelle des tortionnaires. Les évaluations cliniques des blessures et l'établissement des rapports médico-légaux se trouvent facilités par les renseignements disponibles à ce moment-là sur le pays. Ils permettent aux médecins cliniciens d'examiner les dires des personnes à la lumière des connaissances qu'ils ont de la pratique de la torture dans telle ou telle région du monde et de voir s'ils corroborent ce qu'on savait déjà des pratiques utilisées ou s'ils illustrent l'apparition de nouvelles techniques. Les évaluations des médecins cliniciens et les témoignages recueillis par les défenseurs des droits de l'homme ont permis de dresser un catalogue complet des techniques de torture pratiquées à travers le monde. Ces schémas ont révélé les tortionnaires et les gouvernements coupables, mais aussi aidé les professionnels dans leur travail avec les victimes de la torture.

Il peut s'avérer difficile d'évaluer le degré de torture subi par une victime. Il est humain de ne pas pouvoir parler facilement d'événements dont a honte. Il arrive fréquemment que les victimes de la torture soient incapables de relater avec cohérence leurs expériences ou leurs sentiments. Il faut donc veiller à instaurer des relations de confiance de sorte que la personne se sente suffisamment en sécurité pour révéler les expériences les plus douloureuses. C'est là que les entretiens cliniques peuvent être déterminants en restaurant chez la victime la foi dans l'humanité d'autres êtres humains. Pour y arriver, il faut un praticien expérimenté qui sache décider du traitement le plus approprié.

Les clients doivent participer à chaque étape de ce processus. Les médecins cliniciens ne doivent pas imposer de calendrier particulier ni recréer une situation susceptible de rappeler à la personne l'expérience traumatisante qu'elle a vécue. Un entretien clinique structuré risque d'être ressenti comme un interrogatoire qui traumatisera à nouveau le client. Les médecins cliniciens doivent s'abstenir de porter des jugements et doivent faire preuve de souplesse dans leur approche, parce que les méthodes qui réussissent avec certaines personnes ne réussissent pas forcément avec d'autres.

D'énormes progrès ont été faits en matière de reconnaissance et de prise en considération des victimes de la torture, tout comme en matière de soins et de traitement. Cependant, tant que la torture continuera à être pratiquée à travers le monde, il faudra que d'autres puissent témoigner et faire progresser les principes de soins grâce aux échanges et au partage des connaissances entre professionnels.

Souvenirs d'un ancien président

Hans Danelius. Suède. Membre du Conseil d'administration de 1983 à 1988

Dès le début des années soixante-dix, j'ai activement participé aux efforts destinés à renforcer les normes internationales de protection contre la torture. J'étais tout aussi engagé dans le renforcement des mesures de prévention et la mise en œuvre des mesures de réadaptation.

Le coup d'état militaire au Chili, en septembre 1973, a mis en évidence la nécessité d'établir un mécanisme de protection contre la torture, et déclenché une action internationale. La pratique généralisée de la torture qui s'en est suivi a amené l'Assemblée générale à créer le Fonds d'affectation spéciale pour le Chili en 1978. Le Fonds devait recevoir des contributions et les distribuer sous forme d'aide humanitaire, juridique et financière aux personnes dont les droits de l'homme avaient été violés suite à leur détention et leur emprisonnement au Chili[1]. Dès sa création, ce Fonds a été politiquement controversé. Il a donc très vite été jugé préférable de créer un fonds volontaire doté d'un mandat général pour venir en aide aux victimes de violations graves des droits de l'homme. Compte tenu du fait que les Nations Unies s'employaient déjà à combattre la torture, il a été convenu de créer un Fonds qui porterait assistance aux victimes de la torture.

À l'époque, certains se sont inquiétés de la possibilité que ce soutien aux victimes de la torture puisse être considéré comme une acceptation tacite de la pratique de la torture. Néanmoins, en 1981, l'Assemblée générale a adopté la résolution 36/151[2] qui a élargi le mandat du Fonds d'affectation spéciale pour le Chili et l'a rebaptisé Fonds de contributions volontaires des Nations Unies pour les victimes de la torture. Ce nouveau Fonds a été créé «afin de lui permettre de recevoir des contributions volontaires pour les distribuer par les voies établies en matière d'assistance, sous forme d'aide humanitaire, juridique et financière aux individus dont les droits de l'homme ont été gravement violés par suite de la torture et aux membres des familles de ces individus». En tant que président du Fonds d'affectation spéciale pour le Chili, il m'a été demandé de devenir le premier président du Conseil d'administration du Fonds de contributions volontaires, fonction que j'ai assumée jusqu'en 1988, date à laquelle je fus nommé juge à la Cour suprême de Suède.

Les premières années, le Conseil d'administration s'est réuni régulièrement à Genève, et à une occasion au moins, à New York. Au cours de ces réunions, la collecte de fonds constituait une des priorités. Secondés par notre secrétaire compétent, Thomas McCarthy, mes collègues du Conseil – Elizabeth Odio Benito (Costa Rica), Waleed Sadi (Jordanie), Ivan Tosevski (ex-Yougoslavie) et Amos Wako (Kenya) – et moi-même avons rencontré les représentants des missions permanentes pour leur expliquer nos activités et les sensibiliser au Fonds. Nous avons également pris contact avec des fondations privées pour tenter, avec un succès tout relatif, de susciter l'intérêt des médias.

Nos efforts pour récolter des fonds ont porté leurs fruits. En 1986, vingt-cinq gouvernements ont contribué, ou annoncé qu'ils contribueraient, au Fonds, certains plusieurs fois, pour un montant de près de 1,5 million de dollars des États-Unis. Ce montant peut sembler modeste, mais à l'époque, il était considéré comme un succès. Bien que les États occidentaux aient été les principaux contributeurs au Fonds, le Conseil s'est également félicité d'avoir reçu des dons en provenance des États d'Afrique, d'Amérique latine et d'Asie. Nous accordions une grande importance au fait de recevoir des contributions, aussi modestes fussent-elles, d'États représentant une large diversité géographique et politique, afin de renforcer la crédibilité et la réputation du Fonds. Ce dernier reçut aussi des contributions en provenance d'ONG et de particuliers, et moins fréquemment en revanche de fondations privées.

Les demandes de financement soumises au Fonds décrivent les divers projets et programmes ainsi que les besoins financiers. Les subventions étaient accordées aux projets et aux programmes d'assistance et non directement aux victimes de la torture. Les subventions étaient principalement accordées aux centres de soins et de réadaptation des victimes de la torture, aux programmes régionaux destinés à aider les victimes de la torture dans une région particulière, ainsi qu'aux programmes venant en aide aux victimes dans des pays spécifiques.

Le Conseil d'administration était impressionné par le travail accompli dans un certain nombre de pays par les centres fournissant une assistance médicale et psychologique aux victimes de la torture. Le centre de Copenhague fut un des premiers crées pour la réadaptation des victimes de la torture avec lequel le Conseil d'administration maintient des contacts étroits. Les pays d'Amérique latine furent l'objet d'une attention particulière de la part du Conseil. Le Fonds a apporté son soutien à certains programmes d'assistance aux réfugiés en Amérique centrale. Cependant, il a également soutenu financièrement des programmes dans d'autres régions du monde, en particulier en Afrique. Bien que le Conseil d'administration ait agi dans une optique humanitaire, nous craignions que le soutien apporté à certains projets ne puisse être interprété comme étant motivé par des considérations politiques ou par une hostilité à l'égard de certains régimes, ce qui aurait causé du tort à la réputation du Fonds.

Chaque fois que cela a été possible, le Conseil d'administration s'est efforcé de rencontrer les responsables des grands projets. Dans plusieurs cas, de telles rencontres n'ont pas pu être organisées, généralement à cause de la réticence ou de l'impossibilité des responsables à quitter leur pays. En raison des risques encourus par certaines organisations, il est arrivé que des subventions aient été versées par des voies indirectes. Par conséquent, la confidentialité était une nécessité et nous faisions attention de ne pas mentionner les noms des pays dans les documents officiels.

Les procédures mises en place pour la rédaction des rapports sur l'utilisation des fonds reçus étaient, il est vrai, moins perfectionnées qu'elles ne le sont aujourd'hui, mais les responsables de projet devaient rendre compte par écrit de leurs dépenses. Dans la pratique, il était difficile d'assurer le suivi des projets de manière précise dans les délais impartis. Il convient de reconnaître que c'étaient les premières années de fonctionnement du Fonds, à une époque où le Conseil d'administration cherchait à innover pour accomplir sa mission de manière à la fois efficace et pratique. Je crois pouvoir dire que ces efforts ont plutôt porté leurs fruits en permettant au Fonds de soutenir financièrement de nombreuses et nobles causes. Depuis, ses activités se sont étendues. J'aimerais croire que cette évolution heureuse est en partie due aux efforts déployés par le Conseil d'administration tout au long de ces difficiles premières années de son fonctionnement.

[1] Assemblée générale, résolution 33/174 du 20 décembre 1978.
[2] Assemblée générale, résolution 36/151 du 16 décembre 1981.

Le Fonds de contributions volontaires des Nations Unies pour les victimes de la torture: Venir en aide aux victimes

Le Fonds de contributions volontaires des Nations Unies pour les victimes de la torture, le Haut-Commissariat des Nations Unies aux droits de l'homme

1. La création du Fonds

Depuis plus de cinquante ans, les Nations Unies et la communauté internationale reconnaissent que la prohibition de la torture est absolue et ne tolère aucune dérogation, à la différence de certaines protections des droits de l'homme dont la portée peut être restreinte dans un nombre de cas limités, telles que le droit à l'égalité ou la manifestation de sa religion ou de sa culture. La torture n'est justifiable en aucune circonstance, y compris en cas de situation exceptionnelle ou en temps de guerre.

La Déclaration universelle des droits de l'homme adoptée par l'Assemblée générale le 10 décembre 1948 est le premier instrument international qui interdit la torture, en disposant que «[n]ul ne sera soumis à la torture, ni à des peines ou traitements cruels, inhumains ou dégradants»[1]. Parce qu'elle l'a reconnu comme une violation suprême des droits de l'homme, la communauté internationale a réitéré la prohibition de la torture dans des instruments internationaux et régionaux subséquents[2], notamment les Conventions de Genève de 1949 et leurs Protocoles.

En 1975, face aux preuves des graves violations des droits de l'homme commises au Chili les Nations Unies ont exprimé leur plus vive condamnation des «violations constantes et flagrantes des droits de l'homme, y compris la pratique institutionalisée de la torture et de peines ou traitements cruels, inhumains ou dégradants, arrestations, détentions et exils arbitraires»[3]. La Commission des droits de l'homme a créé un groupe de travail *ad hoc* [4], chargé de suivre de près la situation. Plusieurs années plus tard, face à des violations continues, l'Assemblée générale instituait le Fonds d'affectation spéciale des Nations Unies pour le Chili[5]. Le Fonds recevait les contributions volontaires des États Membres grâce auxquels il dispensait une aide humanitaire, juridique et financière aux personnes dont les droits de l'homme avaient été violés par la détention ou l'emprisonnement au Chili.

L'Assemblée générale a continué de suivre de près la situation des droits de l'homme au Chili, tout en notant par ailleurs «avec une profonde préoccupation», dans sa résolution 36/151 (1981), que des actes de torture étaient commis dans divers autres pays du monde[6]. Elle a considéré le sort de toutes les victimes de la torture et a reconnu la nécessité de leur fournir une assistance «dans un esprit purement humanitaire»[7]. La création d'un fonds plus général s'est accompagnée d'une polémique et d'intenses débats au sein de l'Assemblée générale et de la Commission des droits de l'homme[8]. Cependant, l'Assemblée générale a convenu de la nécessité d'agir et de fournir une assistance substantielle aux victimes de la torture. Sur recommandation de sa Troisième commission, l'Assemblée générale a prorogé et élargi le mandat du Fonds d'affectation spéciale pour le Chili[9], et institué un nouveau fonds de portée mondiale, le Fonds de contributions volontaires des Nations Unies pour les victimes de la torture.

Pour rassurer les États Membres qui s'étaient opposés à la mise en place d'un fonds mondial, l'Assemblée générale a incorporé deux garde-fous dans le mandat du Fonds. Premièrement, priorité est donnée aux victimes dans les États dont la situation des droits de l'homme a fait l'objet de résolutions ou de décisions adoptées par les organes des Nations Unies, l'Assemblée générale, le Conseil économique et social et la Commission des droits de l'homme. Deuxièmement, certains redoutaient qu'en déboursant des montants pour indemniser individuellement les victimes de la torture, le Fonds risquait d'être perçu comme formulant des allégations[10] de torture ou apportant ouvertement son soutien aux groupes portant de telles allégations, en particulier si les subventions servaient à obtenir des réparations juridiques et des compensations. Il a donc été convenu, en réponse, que les contributions seraient réparties par le biais d'organisations «qualifiées pour acheminer une assistance conforme avec la pratique usuelle de l'Organisation des Nations Unies»[11].

La résolution prévoyait que le Fonds serait administré par le Secrétaire général et que ses opérations seraient gérées par un secrétariat et un conseil d'administration consultatif composé de cinq membres sélectionnés dans les cinq groupes régionaux. Le Fonds recevrait et distribuerait les contributions volontaires des États Membres, des ONG et des particuliers, et disposerait d'une plus grande liberté que son prédécesseur puisque son champ d'opération ne se limiterait pas à une zone géographique stricte. Au lieu de limiter son attention à un pays ou une région particulière, le Fonds apporterait son assistance aux victimes de la torture et à leurs familles dans toutes les régions du monde.

Nigel Rodley, ancien Rapporteur spécial sur la torture, faisait remarquer que la création du Fonds pour les victimes de la torture constituait une initiative humanitaire concrète en faveur des victimes de la torture émergeant à un moment où les progrès dans la mise en œuvre de normes internationales d'interdiction de la torture et autres mauvais traitements étaient limités[12]. L'optimisme suscité par l'impact possible du Fonds se reflète dans le message adressé par le Secrétaire général au Conseil d'administration lors de sa première réunion, dans lequel il promettait que «ce Fonds sera une excellente occasion de démontrer aux peuples du monde que les Nations Unies, en plus de promouvoir en tant que conscience de l'humanité, le respect des droits de l'homme et des libertés fondamentales, étaient capables d'apporter des réponses concrètes face aux besoins résultant des violations des droits de l'homme»[13].

2. L'évolution du Fonds et le développement des programmes d'assistance

La résolution 36/151 donne pour mandat au Fonds de dispenser les contributions volontaires par les voies établies en matière d'assistance sous forme «d'aide humanitaire, juridique et financière aux individus dont les droits de l'homme ont été gravement violés par suite de la torture», et aux membres de leurs familles directement touchés par les souffrances de la victime. Le Fonds est entièrement tributaire des contributions volontaires annuelles provenant des gouvernements, des ONG, des particuliers et des entreprises privées. Ces contributions sont reversées par le Fonds à toute une variété d'organisations qui fournissent des services de réadaptation aux victimes de la torture dès lors que des conditions bien spécifiques sont remplies. De ce fait, le Fonds constitue le lien premier entre les donateurs et les organisations qui viennent en aide aux victimes de la torture.

Le Fonds constitue un recours immédiat et direct qui ne relève pas de l'action de l'État, et est maintenant reconnu comme un des principaux mécanismes internationaux de recours pour les victimes de la torture. Cependant, il reste bien moins connu que le Comité des Nations Unies contre la torture et le Rapporteur spécial sur la torture qui suivent le phénomène de la torture.

Le Fonds est administré par un Conseil d'administration et par un secrétariat qui collaborent depuis ces vingt-cinq dernières années afin de renforcer son efficacité, sa transparence, son champ d'action et sa portée.

Le Conseil d'administration. Conformément à la résolution 36/151, le Conseil d'administration comprend un président et quatre membres représentant chacune des cinq régions géographiques, l'Afrique, l'Asie, l'Europe l'Est, l'Amérique latine et les Caraïbes et le Groupe des États d'Europe occidentale et autres États. Le Secrétaire général nomme les membres du Conseil en consultation avec les gouvernements; ils sont choisis parmi les experts disposant d'une vaste expérience dans le domaine des droits de l'homme, l'idéal voulant qu'ils aient des connaissances en matière de levée de fonds et de gestion des projets. Les membres du Conseil sont nommés pour une durée de trois ans renouvelable une seule fois. Comme le mandat des membres du Conseil n'était pas limité avant 2005, la composition du Conseil était restée inchangée pendant de nombreuses années. Un nouveau Conseil désigné en août 2005 s'est réuni pour la première fois en avril 2006.

Depuis 1983 le Conseil d'administration se réunit chaque année pour examiner les nouvelles demandes de financement ou les projets en cours, approuver la prorogation des subventions, fixer des lignes directrices notamment les critères de recevabilité et examiner toutes questions générales portant sur l'administration du Fonds. Le premier Président du Fonds, Hans Danelius, explique que le Conseil d'administration formule «des propositions spécifiques et concrètes à l'attention du Secrétaire général, qui en règle générale, adopte les propositions du Conseil»[14]. Au cours de ses réunions, le Conseil tient également des réunions avec les donateurs. Le Conseil a maintes fois rencontré des responsables de projets pour mieux comprendre la complexité de la situation dans laquelle se trouvent les organisations qui fournissent des services aux victimes de la torture. En dehors des réunions annuelles, les membres se consacrent au développement d'initiatives de mobilisation de fonds, ce qui a permis une augmentation considérable des contributions des gouvernements donateurs, et a fait du Fonds un des fonds d'affectation spéciale humanitaires les plus importants placés sous administration des Nations Unies.

Le Secrétariat. Le Secrétariat se compose de membres du personnel du Haut-Commissariat des Nations Unies aux droits de l'homme qui assument toutes les fonctions administratives au sein du Fonds. Il constitue le premier point de contact entre le Conseil d'administration et les organisations. Grâce aux efforts déployés par le Secrétariat pour répondre aux demandes du Fonds, les procédures administratives sont maintenant simplifiées, les relations avec un nombre croissant d'organisations renforcées et les mesures pour assurer la transparence améliorées. L'avenir financier se caractérise par une perspective de croissance et de stabilité due avant tout au fait que les gouvernements donateurs ont été incités à accroître leurs contributions annuelles. Cette augmentation sensible des contributions (passant de $ 497 668 en 1985 à $ 3 067 946 en 1995 et $ 10 035 374 en 2005 (dollars des États-Unis)) permet au Fonds de subventionner un grand nombre d'organisations qui fournissent avec dévouement des services de réadaptation aux victimes de la torture.

Les bénéficiaires. Conformément à ses propres lignes directrices en matière de recevabilité, le Fonds subventionne les organisations dont les bénéficiaires sont des victimes de la torture (ou sont des membres de leur famille directe)[15], tels que définie par l'article premier de la Déclaration sur la protection de toutes les personnes contre la torture et autres peines ou traitements cruels, inhumains ou dégradants de 1975 (Déclaration contre la torture). L'article premier, dans son paragraphe 1, définit la torture comme tout acte par lequel une douleur ou des souffrances aiguës, physiques ou mentales, sont délibérément infligées à une personne par des agents de la fonction publique ou à leur instigation, (1) aux fins notamment d'obtenir d'elle ou d'un tiers des renseignements, (2) de la punir d'un acte qu'elle a commis ou qu'elle est soupçonnée d'avoir commis, ou (3) de l'intimider ou d'intimider d'autres personnes.

Depuis l'adoption de la résolution 36/151 par l'Assemblée générale la communauté internationale a élaboré des définitions plus détaillées de la torture, dont l'article premier de la Convention contre la torture de 1984. Cette dernière définition reprend des éléments de la Déclaration qu'elle développe en y rajoutant les actes (1) visant à obtenir d'un individu ou d'une tierce personne des aveux; (2) infligés en punition d'un acte commis par une tierce personne ou qu'une tierce personne est soupçonnée d'avoir commis; ou (3) «pour tout autre motif fondé sur une forme de discrimination quelle qu'elle soit». Elle énonce par ailleurs que la torture peut être infligée par un «agent de la fonction publique ou toute autre personne agissant à titre officiel ou à son instigation ou avec son consentement exprès ou tacite». La décision du Fonds de reprendre à son compte la définition figurant dans la Déclaration contre la torture dans ses lignes directrices régissant la recevabilité des demandes de subventions a ouvert une polémique.

Dans son examen des demandes d'assistance, le Fonds reconnaît la nature dynamique du droit international et accepte, dans la pratique, des interprétations plus larges de la définition de la torture favorables aux victimes, notamment celles appliquées par le Comité des droits de l'homme, le Comité contre la torture, le Comité des droits de l'enfant et tout autre organe international compétent. Le Fonds a financé de nombreux projets d'aide aux personnes considérées comme des victimes au sens élargi de la définition.

Les types de projet financés. Au cours de ces vingt-cinq dernières années, des milliers d'ONG légalement enregistrées[16] ont présenté au Fonds des demandes de financement direct de projet, pour une durée allant jusqu'à un an. Les demandes décrivent les objectifs, la nature, les motifs, les aspects administratifs du projet ainsi que les bénéficiaires prévus du projet. La majorité des projets couverts par le Fonds à ses débuts ciblaient les besoins immédiats des victimes et de leurs familles; les projets offrant des services de réhabilitation médicale, psychologique et sociale avaient la préférence. Les projets d'aide juridique étaient moins fréquemment financés car le Conseil craignait qu'un tel financement ne soit interprété par les États comme des allégations de torture. Les divisions entre les catégories d'assistance reflétaient les débats théoriques rigides qui divisaient les prestataires de soins des diverses régions sur les moyens les plus appropriés, et les plus efficaces, de traiter les victimes de la torture.

Aujourd'hui nous savons que la torture laisse des séquelles dont la complexité exige la mise en place d'une batterie complète de services multidisciplinaires, médicaux, psychologiques, sociaux, économiques, juridiques, humanitaires et autres formes d'assistance. Des traitements innovants sont en général administrés dans des institutions indépendantes par un personnel hautement qualifié et bénéficiant d'une formation pointue, notamment des médecins, des psychologues, des juristes et des travailleurs sociaux déterminés à appliquer les normes internationales en matière de soins aux victimes de la torture. Indépendamment des services qu'elles fournissent, les organisations bénéficiant des subventions du Fonds doivent être en mesure de prouver qu'elles travaillent conformément au principe de non-discrimination. Autrement dit, les victimes doivent bénéficier de leur assistance sans aucune distinction de «race, couleur, sexe, langue, religion, opinion politique ou autre, origine nationale ou sociale, richesse, naissance ou d'autre statut».

À ses débuts, le Fonds se caractérisait par une politique de confidentialité rigoureuse. Les réunions entre les membres du Conseil et les responsables de projet s'avéraient souvent impossibles à organiser en raison des graves risques encourus par ces derniers s'ils quittaient leur pays. Le Conseil d'administration prenait soin d'éviter de faire courir des risques inutiles aux responsables et aux bénéficiaires. Les noms des pays et ceux des projets étaient par ailleurs confidentiels, parce que tout soutien à un projet pouvait être interprété comme un geste politique ou hostile à l'endroit des pays concernés.

Aujourd'hui, même si la confidentialité reste parfois de mise, on ne juge plus indispensable de protéger l'anonymat des organisations et de leur personnel. En fait, pour nombre d'entre elles, le fait d'être financées par le Fonds cautionne et valorise leur travail auprès des victimes[17]. Il est très fréquent que les organisations estiment que leur affiliation au Fonds constitue une source de protection pour leur personnel et pour leurs clients.

Dans l'ensemble, il est reconnu que le Fonds «remplit son mandat et exerce un impact positif sur les victimes de la torture»[18]. L'examen des projets entrepris en Autriche, au Bangladesh, au Canada, au Chili, aux États-Unis d'Amérique et au Rwanda a démontré qu'il est fait bon usage des subventions du Fonds. Selon une enquête sur les projets, un nombre non négligeable d'organisations indiquaient ne pas pouvoir survivre sans l'assistance du Fonds, tandis que plus de la moitié des organisations ayant répondu affirmaient clairement que toute diminution de leur financement aurait des conséquences désastreuses sur leurs activités, et se traduirait par une réduction du nombre des clients et des services. De la même façon, les victimes mentionnent fréquemment que les services qui leur sont fournis sont vitaux pour leur réadaptation et les rendent capables de reconstruire leur vie.

La représentation géographique des organisations subventionnées. En 2005, l'écrasante majorité des subventions avait été versée à des projets en Europe occidentale et en Amérique du Nord (63,1 pour cent) et le plus faible montant avait été celui alloué aux projets en Afrique (7,4 pour cent) (voir le tableau de la page 102). Ce déséquilibre géographique au niveau des projets financés a donc suscité des inquiétudes. Ces chiffres reflètent en partie le fait que beaucoup des personnes qui dans le monde sont victimes de la torture ne recherchent de l'aide qu'une fois arrivées dans un pays d'asile où ils se sentent à l'abri. Ils reflètent également le fait que beaucoup moins de demandes de subventions proviennent de pays extérieurs à l'Europe occidentale et à l'Amérique du Nord. Il a été suggéré de prendre les devants en faisant connaître l'existence du Fonds dans d'autres régions et pays.

Les types de financement. En plus de fournir des informations sur les activités menées dans le cadre de leurs projets, il est exigé des organisations qu'elles présentent une proposition détaillée de budget incluant le montant total de la subvention demandée, qui ne peut pas dépasser le tiers du budget total du projet. Les organisations doivent apporter la preuve qu'elles disposent de sources supplémentaires de financement, en distinguant les financements confirmés de ceux envisagés. Le Conseil d'administration autorise le paiement des subventions suivant quatre catégories: le financement immédiat, en attente, d'urgence et le financement symbolique lorsqu'il s'agit d'un nouveau projet. Les subventions immédiates sont versées au profit des organisations qui présentent une demande en bonne et due forme et remplissent toutes les conditions. Les subventions en attente sont subordonnées au respect des lignes directrices régissant le financement, notamment la soumission du formulaire de demande entièrement complété, après éventuellement une visite sur place.

Les organisations sont autorisées à demander, en dehors du calendrier normalement prévu à cet effet, une aide d'urgence au titre de projets bénéficiant déjà d'un financement de la part du Fonds. Ces requêtes sont examinées par deux ou trois membres du Conseil. À titre exceptionnel, une personne victime de la torture peut solliciter un financement d'urgence à condition qu'il n'existe pas de projet adéquat dans le pays où se trouve la victime. Ces demandes sont assorties d'un dossier médical et de tout autre document montrant que la personne en question souffre de séquelles dues à la torture.

Les demandes doivent, dans la mesure du possible, aussi inclure des renseignements sur les circonstances entourant la torture, l'identité des tortionnaires, le type de torture subie et les séquelles laissées, le type d'assistance requis et une estimation du coût de celle-ci. Si une assistance médicale est nécessaire, un rapport médical détaillé sera communiqué décrivant dans quelle mesure les souffrances de la victime résultent de la torture, les besoins médicaux de la victime et une estimation du coût du traitement.

Selon les critères de recevabilité du Fonds, les projets en vue de créer une nouvelle organisation ne sont pas recevables. En 2005, le Conseil d'administration a autorisé une exception de taille.

Pour atteindre les victimes de la torture dans l'Irak d'après-guerre: la chirurgie plastique au secours des victimes châtiées par amputation de l'oreille dans la province de Basra

Tout a commencé par une idée très simple. Le Conseil international pour la réhabilitation des victimes de la torture (IRCT), qui a son siège au Danemark, financera un projet de chirurgie de reconstruction en faveur des dizaines d'Irakiens victimes d'une amputation de l'oreille en guise de châtiment – une méthode brutale de torture systématiquement employée par le régime Ba'as de Saddam Hussein. Parfois effectuée sans anesthésie, cette forme particulière de torture était avant tout pratiquée contre les déserteurs de l'armée, provoquant chez la victime d'intenses douleurs. Dans certains cas, on marquait le front des victimes d'un «X» indiquant que les oreilles mutilées ou manquantes n'étaient le résultat ni d'une malformation congénitale ni d'un accident. Il s'agissait ainsi de stigmatiser et de prévenir publiquement des conséquences entraînées par l'insubordination. Les victimes souffrent de douleurs continuelles, elles entendent moins bien, sont sujettes aux infections et aux acouphènes. Ils sont rongés par la crainte, les cauchemars et les insomnies. Leurs relations personnelles pâtissent de ce qu'ils se sentent inadéquats, préoccupés par leur apparence, et beaucoup d'entre eux ont du mal à trouver une épouse.

L'IRCT savait que la chirurgie de reconstruction pouvait reconstituer ou remplacer une oreille mutilée ou manquante à l'aide d'une prothèse. Le succès du traitement pouvait aussi contribuer à améliorer la qualité de vie des patients, en diminuant ou supprimant les symptômes physiques et les cicatrices. Et peut-être, plus important encore, la chirurgie pouvait permettre de restaurer la confiance de l'individu en lui-même et lancer un processus de reconquête de sa propre estime.

Bien que le nombre total d'oreilles amputées ne soit pas connu, les ONG irakiennes comptent près de 450 victimes dans le sud de l'Irak, à Basra, et estiment que le chiffre total au niveau national pourrait être supérieur à plusieurs milliers. Si quelques patients pouvaient être traités hors d'Irak, la majorité n'avait accès à aucun traitement. L'IRCT envisageait de lancer un projet permettant de traiter les victimes en Irak. Cependant, il était bien conscient du fait que les compétences médicales requises n'étaient pas disponibles. Sans le coup de pouce financier de démarrage, l'organisation n'aurait pas été en mesure d'obtenir les dons à grande échelle lui permettant de mettre en place une formation hautement spécialisée à l'intention des chirurgiens et des personnels infirmiers en Irak.

En 2005, la recommandation exceptionnelle du Conseil d'administration pour le financement du projet avant le début des activités fut approuvée. La subvention du Fonds permit à l'IRCT de démarrer la première phase du projet et de recueillir des fonds supplémentaires de soutien auprès de la Commission européenne et du Ministère danois des affaires étrangères.

L'IRCT collabore étroitement avec une sommité de la chirurgie de reconstruction de l'oreille, le Docteur David Ross de la London Clinic. Dans la première phase du projet, qui s'est achevée à la mi-décembre 2005, trois chirurgiens et un agent infirmier de la région de Basra se sont rendus à Londres pour participer à un programme de formation intensif sous la direction du Docteur Ross, qui a offert gratuitement ses services. Dans le même temps, deux victimes du châtiment d'amputation de l'oreille ont bénéficié d'une opération chirurgicale à la London Clinic. Les deux opérations ont réussi et les patients étaient satisfaits des résultats.

La deuxième phase du projet se concentrera sur le traitement intensif et sur la formation au cours des deux prochaines années. Le Docteur Ross supervisera et suivra de près un certain nombre de sessions de formation à Basra, tandis que les chirurgiens et agents infirmiers locaux formeront leurs pairs dans le reste du pays sous l'égide du premier centre irakien de réhabilitation intégrale pour les victimes de la torture, le centre Al Faud de réadaptation médicale et psychologique. On escompte qu'à la fin du projet le système de santé irakien aura la capacité d'offrir un traitement à chacune des victimes du châtiment de l'amputation de l'oreille et ce faisant leur offrir la chance d'entamer une nouvelle vie.

Le système de suivi. Dès le début de l'existence du Fonds, son Secrétariat et son Conseil d'administration ont mis au point toute une série de procédures de suivi pour améliorer son système de responsabilisation. Les organisations subventionnées doivent présenter à la fin de l'année un rapport confidentiel explicatif comportant le nombre des victimes ayant bénéficié d'une assistance, ainsi que des études de cas portant sur dix victimes anonymes assistées. Les informations sur les victimes doivent être ordonnées suivant le sexe, l'âge, la nationalité, la situation juridique et le type d'assistance fournie. Ces études ont pour but d'aider le Conseil et le Secrétariat à comprendre le type d'assistance apportée par les organisations. Ces dernières doivent aussi fournir un rapport financier accompagné d'un résumé détaillé du projet expliquant l'utilisation de la subvention. Pour finir, elles doivent veiller à faire vérifier leurs comptes par des auditeurs indépendants.

Le Secrétariat visite chaque organisation financée au moins une fois tous les quatre ans, de manière à assurer la responsabilisation du Fonds et de mieux comprendre le travail effectué par les organisations au niveau national. Entre janvier 2000 et juin 2006, 190 projets ont ainsi reçu la visite des membres du Secrétariat ou de représentants des Nations Unies sur le terrain. Les rapports confidentiels de ces visites sont présentés au Conseil lors de sa réunion annuelle.

Si le Secrétariat se trouve informé entre les sessions annuelles du Conseil de la mauvaise gestion d'un projet, il peut, conformément aux lignes directrices du Fonds, décider de ne pas verser la subvention ou de demander à l'organisation subventionnée de suspendre l'utilisation de la subvention qu'elle a reçue jusqu'à ce que la situation soit éclaircie.

Dans certains cas, le Secrétariat ou le Conseil peut demander à une organisation de rembourser la subvention si celle-ci a été utilisée d'une manière non approuvée par le Conseil, en cas de non-présentation des rapports ou si ces derniers ont été jugés insatisfaisants, ou pour toute autre raison avancée par le Secrétariat. Vingt projets ont ainsi perdu leur financement depuis 2003.

3. Le Fonds et la diversité régionale, ethnique, culturelle et politique

L'assistance aux survivants de la torture est fondamentalement pour l'éradication de la torture. Un aspect crucial du travail du Fonds a été d'apporter un soutien aux organisations qui ont adapté leurs programmes et leurs services pour répondre plus efficacement à la diversité régionale, ethnique, culturelle et politique de leurs clients. Tout le monde reconnaît qu'il n'y a pas qu'une seule façon de traiter les victimes de la torture. Avec le soutien financier du Fonds et d'autres donateurs, chaque organisation s'applique à concevoir des programmes de réadaptation innovants et complets répondant à la diversité des besoins des clients.

Le soutien financier apporté aux organisations influe sur la vie des victimes de la torture de trois manières fondamentales. Premièrement, au niveau institutionnel, ce financement permet aux organisations de se doter sur le plan interne des capacités d'assister les victimes, et de rehausser la qualité et la quantité des services fournis. Une des premières organisations financées par le Fonds, le centre pour les victimes de la torture (Center for Victims of Torture – CVT) à St. Paul/Minneapolis, Minnesota, apporte une assistance multidisciplinaire cruciale pour la réadaptation des victimes venues de toutes les régions du monde. Elle inclut l'accès à des soins de santé primaires, à la couverture de leurs besoins élémentaires en matière de logement, vêtements et nourriture, à un traitement psychologique, à une qualification professionnelle, à une formation de type classique et au développement de leurs aptitudes sociales, une aide juridique et un regroupement familial. Depuis 1999, le centre utilise également ces fonds pour financer les services de soins, de réadaptation et de rapatriement proposés aux victimes de la torture qui sont hébergés dans les camps de réfugiés ainsi qu'aux personnes déplacées intérieurement en Guinée et en Sierra Leone. Des séances de conseil en groupe et individuelles sont aussi proposées aux victimes torturées durant les conflits internes au Libéria et en Sierra Leone.

Ces organisations ont, d'autre part, inspiré la création d'autres institutions d'assistance complémentaire. Ainsi, une partie de la subvention du CVT est allouée à un «projet international de formation et d'assistance technique», qui s'attache à renforcer les capacités des programmes partenaires de réadaptation en Afrique, Amérique latine, Asie, Europe orientale et Moyen-Orient. Le soutien institutionnel porte notamment sur le renforcement des connaissances cliniques, la mise en place d'infrastructures administratives et la création de programmes d'éducation publique plus efficaces.

Deuxièmement, l'expérience acquise par les organisations financées par le Fonds au cours de ces vingt-cinq dernières années a contribué à une meilleure connaissance scientifique et à la mise au point de traitements spécialisés dans la réadaptation des victimes de la torture. Les progrès réalisés au niveau des services proposés se sont accompagnés d'une meilleure prise de conscience des besoins spécifiques, et souvent divergents, des victimes.

Le Trauma Centre for Survivors of Violence and Torture, au Cap, en Afrique du Sud, fait une place importante à l'assistance apportée aux survivants de la torture et de l'incarcération à l'époque de l'apartheid, beaucoup d'entre eux étant d'anciens prisonniers politiques, des détenus et des particuliers revenus d'exil. Le centre a également élargi son mandat pour pouvoir venir en aide à un nombre croissant de réfugiés fuyant les atteintes aux droits de l'homme dans leur propre pays. Outre les séances individuelles ou collective de conseil et de psychothérapie qu'il propose, le centre encourage les survivants parfois réfractaires aux thérapies plus classiques à participer à des ateliers ainsi qu'à des activités en groupe au cours desquelles le participant raconte une histoire, le but étant que le client se fabrique sa propre boîte de souvenirs. Par ailleurs, le centre conduit des actions extérieures et des initiatives de renforcement de capacités à l'intention du vaste nombre de survivants qui vivent dans des communautés pauvres et qui sont géographiquement isolés de tout service de réadaptation.

La Commission des droits de l'homme du Salvador (CDHES) s'est dotée de moyens innovants similaires pour pouvoir atteindre les bénéficiaires potentiels. Depuis 1990, l'organisation met en œuvre, en collaboration avec les chefs des communautés autochtones, un projet d'antenne de soins de santé mobile intitulé, «Assistance collective aux victimes de guerre et aux victimes de la torture». Les chefs des communautés particulièrement touchées par le conflit national contactent l'organisation s'ils ont lieu de penser que des membres de leur communauté ont été victimes d'actes de torture. La Commission envoie une équipe d'agents de santé dans ces communautés pour y fournir des services médicaux généraux. À l'occasion de ces visites, le psychologue de l'équipe interroge la population pour détecter les personnes susceptibles d'avoir été victimes de torture. Une assistance supplémentaire est apportée aux victimes sous forme de séances de thérapie individuelle ou de groupe. Les chefs communautaires, en leur qualité d'intermédiaires, encouragent les victimes à se rendre à l'antenne médicale mobile, et veillent à ce que les groupes de victimes impossibles à atteindre autrement reçoivent l'assistance dont ils ont besoin.

Troisièmement, les programmes de réadaptation donnent aux victimes une chance d'échapper au cycle de terreur qu'elles vivent au quotidien, leur permettant ainsi de rompre le silence, de réfléchir sur ce qu'elles ont enduré et d'agir pour reconstruire leur vie. En Italie, deux organisations, la NAGA Associazione Volontaria di Assistenza Socio-Sanitaria e per i Diritti di Stranieri e Nomadi à Milan et le Consiglio Italiano Per i Rifugiati à Rome, ont constitué des groupes de musique et de danse dans le cadre de leurs programmes de réadaptation psychosociale. La NAGA encourage les victimes à jouer de la musique, à chanter et à générer des sons pour ainsi stimuler leur imagination et leur créativité, et libérer des sensations de relaxation, de joie et de paix. Le Consiglio Italiano Per i Rifugiati propose des ateliers de théâtre de cinq mois pendant lesquels les victimes sont encouragées à se produire sur scène, à monter des spectacles de musique et de danse. Ces activités leur donnent les moyens de retrouver le sentiment de contrôler leur corps et leur voix qui, souvent, ont été fragilisés par la torture et l'incertitude permanente. Grâce à leurs organisations, ces groupes de musique et de théâtre se sont produits à l'intérieur des centres et dans le cadre de manifestations publiques, donnant aux victimes suffisamment de confiance pour pouvoir raconter leur histoire, s'exprimer de manière créative et faire les premiers pas vers la reconstruction d'une nouvelle vie.

Home for Human Rights au Sri Lanka a lancé une initiative qui aide les victimes ayant perdu leur emploi à cause de la torture à se mettre à leur propre compte. En consultation avec les chargés de projets sur le terrain, les coordinateurs de l'organisation évaluent la situation professionnelle et les capacités des bénéficiaires par rapport aux possibilités de travail que peut offrir le village local. Les victimes se voient octroyées une subvention initiale qui leur permet de créer une nouvelle activité commerciale ou de reprendre une activité précédente nécessitant un capital. Des entreprises indépendantes de pêche, de cultures maraîchères, de menuiserie, d'agriculture, de couture, de photographie et d'élevage ont pu ainsi être créées. Ce projet aide les victimes à retrouver des moyens d'existence, une place dans leur société, et de ce fait leur dignité.

4. Le Fonds: ses engagements et ses nouveaux défis

Vingt-cinq ans après sa création, le Fonds cherche à innover afin d'apporter son soutien au nombre toujours croissant d'organisations qui sollicitent son aide pour subvenir aux besoins des victimes de la torture. Il est plus que jamais vital de veiller à renforcer le réseau des organisations existantes et de permettre à de nouvelles organisations d'apporter les services qui sont essentiels aux victimes de la torture et à leurs familles.

Le Conseil continue à jouer un rôle central dans ces efforts. Il renforce la crédibilité, la responsabilisation et la transparence du Fonds vis-à-vis des donateurs et des organisations que ce dernier soutient financièrement. Or, on reconnaît au Conseil la capacité de renforcer son rôle, notamment en adoptant une approche plus proactive pour établir des priorités, en affinant les lignes directrices générales, en évaluant les impacts de ses activités et en examinant d'autres moyens de mobiliser des fonds. Ainsi, le Conseil pourrait encourager une plus grande interaction entre les différentes entités de l'Organisation des Nations Unies qui travaillent sur la question de la torture, au niveau national et international. Depuis 1998, une déclaration conjointe adoptée par le Haut-Commissaire aux droits de l'homme, le Comité contre la torture, le Rapporteur spécial sur la torture et le Conseil d'administration du Fonds est publiée chaque année le 26 juin, Journée internationale pour le soutien aux victimes de la torture.

D'autres types d'interaction pourraient être encouragés afin de partager les leçons acquises et d'éviter un double emploi.

La réadaptation et l'insertion sociale des victimes demeureront au centre de l'attention du Fonds. Ce dernier devra pourtant s'adapter s'il veut relever les défis que lui réservent les années à venir. La mise en œuvre de ses politiques existantes et le développement de nouvelles stratégies nécessiteront le plein soutien financier des donateurs. Telle est l'approche qu'il lui faudra adopter pour atteindre l'objectif fixé, c'est à dire être le «symbole approprié de la préoccupation de l'Organisation des Nations Unies – dernier refuge des faibles et des opprimés – pour les droits de l'homme en général et les droits des victimes de la torture en particulier»[19]. Tous ces efforts permettront aux nombreuses victimes dans le monde qui ont survécu à la torture de commencer à reconstruire leur vie.

---

1 Article 5 de la Déclaration universelle des droits de l'homme. La définition contenue dans le présent article et l'article 7 du Pacte international relatif aux droits civils et politiques sont étoffés dans la Déclaration sur la protection de toutes les personnes contre la torture et autres peines ou traitements cruels, inhumains ou dégradants de 1975, Assemblée générale, résolution 3452 (XXX).
2 Des normes, des principes et des codes de conduite internationaux ont été établis pour appliquer la loi à l'intention des personnels dispensant des soins de santé, qui concernent le traitement des prisonniers, des victimes de la torture, ainsi que les enquêtes sur la torture et la collecte d'informations sur celle-ci.
Se rapporter au *Protocole d'Istanbul: manuel pour enquêter efficacement sur la torture et autres peines ou traitements cruels inhumains ou dégradants,* 1999.
3 Assemblée générale, résolution 3448 (XXX) du 9 décembre 1975, par. 1.
4 Commission des droits de l'homme, résolution 8 (XXXI) du 27 février 1975.
5 Assemblée générale, résolution 33/174 du 20 décembre 1978.
6 Ibid.
7 Assemblée générale, résolution 36/151 du 16 décembre 1981.
8 Les représentants de l'URSS et de la Biélorussie ont exprimé de vives réserves à l'endroit de l'établissement du Fonds et de la suppression effective du Fonds d'affectation spéciale pour le Chili au motif que cela portait préjudice aux résolutions adoptées par l'Assemblée générale sur la question et affaiblissait l'assistance apportée aux victimes au Chili. A/C.3/36/SR.62, par. 57, A/C.3/36/SR.65, par. 14 et A/C.3/36/SR.67, par. 65. Le représentant de la délégation soviétique a affirmé que le nouveau fonds signalerait une «reconnaissance implicite que la torture est un phénomène normal et quotidien». A/C.3/36/SR.66, par. 20. Voir aussi Nigel Rodley (2002), *The Treatment of Prisoners under International Law,* 2ème édition (Oxford, Oxford University Press), p. 166 à 170.
9 Ibid., Rodley, p. 169.
10 Rodley, op. cit., p. 167.
11 E/CN.4/SR/1637, par. 42 cité par Rodley, op. cit., p. 170.
12 Rodley, op. cit., p. 166.
13 Le service de l'information à Genève, Office des Nations Unies à Genève, Communiqué de presse (SG/SM/480; HR/1361), 21 mars 1983, 2, cité par Rodley, op. cit., p. 170.
14 Hans Danelius, «The United Nations Fund for Torture Victims: The First Years of Activity», *Human Rights Quarterly,* 294 (1986).
15 Les demandes concernant les victimes d'autres formes de violence organisée ou de violences domestiques sont irrecevables.
16 Toute demande émanant d'un organe gouvernemental, parlementaire ou administratif, d'un parti politique ou d'un mouvement de libération nationale est inadmissible.
17 «Droits civils et politiques, notamment les questions relatives à la torture et à la détention». Rapport du Bureau des services de contrôle interne du Secrétariat sur l'évaluation du Fonds de contributions volontaires des Nations Unies pour les victimes de la torture. E/CN.4/2005/55, 5 novembre 2004, par. 22.
18 Ibid.
19 A/C.3/36/SR.62, par. 32.

LISTE DES DONATEURS, MONTANT TOTAL DES DONS ENTRE 1982 ET 2005

Liste des donateurs   Montant total des dons entre 1982 et 2005 en dollars des États-Unis

Pays

Afrique du Sud	183 680
Algérie	89 318
Allemagne	2 411 302
Andorre	91 155
Arabie Saoudite	40 000
Argentine	66 033
Arménie	1 096
Australie	136 813
Autriche	23 420
Bahreïn	25 000
Belgique	979 309
Bhoutan	1 000
Bosnie-Herzégovine	608
Botswana	500
Brésil	55 000
Bulgarie	1 000
Cameroun	14 130
Canada	545 169
Chili	76 000
Chypre	22 060
Costa Rica	14 753
Croatie	5 000
Danemark	4 967 704
Espagne	1 136 484
États-Unis d'Amérique	38 124 550
Finlande	3 285 131
France	1 727 763
Grèce	184 400
Guatemala	4 989
Haïti	295
Hongrie	11 200
Islande	71 255
Indonésie	6 986
Iran (République Islamique d')	10 867
Irlande	1 063 394
Israël	60 000
Italie	1 113 610
Jamahiriya arabe libyenne	110 000
Japon	1 210 520
Jordanie	1 000
Kenya	13 894
Koweït	10 000
Liechtenstein	106 122
Luxembourg	172 708
Macédoine (Ex-République yougoslave de)	1 000
Malte	7 800
Maroc	11 500
Maurice	3 999
Mauritanie	11 168
Mexique	35 000
Monaco	137 633
Népal	2 000
Nicaragua	5 000
Norvège	1 903 247
Nouvelle Zélande	277 727
Ouganda	737
Pays-Bas	4 309 335
Pérou	4,480
Philippines	30,613
Pologne	30,000
Portugal	110,000
République de Corée	94,988
République tchèque	57,095
Royaume de Grande-Bretagne et d'Irlande du Nord	2 071 315
Saint-Marin	4 376
Saint-Siège	8 000
Sénégal	1 160
Serbie-et-Monténégro	5 000
Slovénie	5 825
Soudan	2 500
Sri Lanka	9,000
Suède	3 400 885
Suisse	789 284
Thaïlande	20 000
Togo	1 540
Tunisie	22 965
Turquie	24 939
Venezuela (République bolivarienne du)	20 996
Yougoslavie (avant 1990)	5 000

ONG/Institutions

NJCM Netherlands	38 615
Japanese Lawyers International Solidarity Association	168
Personnel des Nations Unies à Genève	13 397

Particuliers et institutions privées

Mme Marcela Adamski	200
Mme Sandra Colliver	90
M. Thomas Frankl et Mme Ingeruth Frankl	610
M. et Mme Kerr	500
M. Christian Lampert	353
Mme Rita Maran	300
M. Daniel Prémont	620
M. Yorio Shiokawa	1 010
M. David Solberg, Pt HVAC	125
M. Predrag Zivkovic	72
Kluwer Law International	81

Donateurs de 1982 à 2005

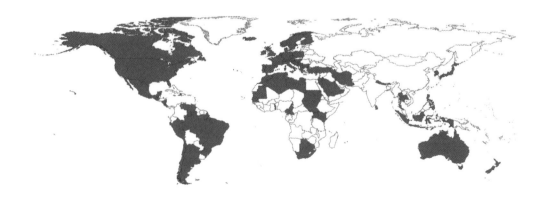

Remarque: Le tracé des frontières figurant sur cette carte n'implique aucune approbation ou acceptation officielle de la part des Nations Unies.

LISTE DES ORGANISATIONS ET DES ACTIVITÉS FINANCÉES PAR LE FONDS EN 2005, PAR RÉGION

Nom de l'organisation	Pays	Type d'assistance fournie
États africains		
Action pour l'éducation au droit	République démocratique du Congo	Médicale, psychologique et juridique
African Centre for Treatment and Rehabilitation of Torture Victims	Ouganda	Médicale, psychologique, sociale, juridique et financière
Centre for the Study of Violence and Reconciliation	Afrique du Sud	Psychologique
Centre africain de la prévention et de la résolution de conflits	Sénégal	Médicale, sociale et juridique
Centre d'accueil et d'orientation des victimes de la torture	Maroc	Médicale, psychologique, sociale
Concerned Christian Community	Libéria	Médicale, psychologique, financière
Fondation IDOLE	Cameroun	Psychologique et sociale
Hebrew Immigrant Aid Society	Kenya	Sociale, juridique et financière
Independent Medico-Legal Unit	Kenya	Médicale, psychologique et juridique
Kanyarwanda	Rwanda	Médicale, psychologique et sociale
La Voix des sans-voix pour les droits de l'homme	République démocratique du Congo	Médicale et sociale
Litigation Fund Against Torture	Kenya	Sociale
Mwatikho Torture Survivors Organization	Kenya	Médicale, psychologique et juridique
Observatoire Congolais des Droits Humains	République démocratique du Congo	Médicale, psychologique, juridique et sociale
Œuvres sociales pour le développement	République démocratique du Congo	Médicale, psychologique, sociale, financière et juridique
Prisoners Rehabilitation and Welfare Action	Nigéria	Médicale, psychologique, financière et juridique
Rwandan Women's Community Development Network	Rwanda	Médicale, psychologique et sociale
Solidarité pour la promotion sociale et la paix	République démocratique du Congo	Médicale, sociale et juridique
Trauma Center in Yaoundé	Cameroun	Médicale, psychologique, sociale et financière
Trauma Centre for Survivors of Violence and Torture	Afrique du Sud	Médicale, psychologique, sociale et juridique
Une femme qui en soulève une autre	République démocratique du Congo	Médicale, psychologique, sociale, juridique et financière
Women's Aid Collective	Nigéria	Psychologique, sociale, juridique et financière

États asiatiques

Asian Federation Against Involuntary Disappearances	Philippines	Psychologique
Asian Indigenous and Tribal Peoples Network (AITPN)	Inde	Médicale, sociale et juridique
Balay Rehabilitation Centre	Philippines	Médicale, psychologique, sociale, juridique et financière
Bangladesh Rehabilitation Centre for Trauma Victims	Bangladesh	Médicale, psychologique, juridique et financière
Centre for Care of Victims of Torture	Inde	Médicale, psychologique, sociale, juridique
Gaza Community Mental Health Programme	Territoires palestiniens occupés	Psychologique et sociale
Home for Human Rights	Sri Lanka	Médicale, psychologique, sociale et juridique
International Rehabilitation Council for Torture Victims	Irak	Médicale
Khiam Rehabilitation Centre for Victims of Torture	Liban	Médicale, psychologique et sociale
Mandela Institute for Human Rights	Territoires palestiniens occupés	Médicale, psychologique, sociale, juridique
Naogaon Human Rights Development Association	Bangladesh	Médicale, psychologique, sociale, juridique, financière
Organization of the Parents and Family Members of the Disappeared	Sri Lanka	Médicale, psychologique, financière
Physicians for Human Rights	Israël	Médicale, psychologique, juridique
Public Committee Against Torture in Israel	Israël	assistance juridique
Rehabilitation Centre for Victims of Torture	Pakistan	Médicale, psychologique et sociale
Restart Tripoli Centre	Liban	Médicale et psychologique
Rural Effective Social Development Organization	Bangladesh	Médicale et financière
Society for Social Research, Art and Culture	Inde	Médicale, psychologique et sociale
The Korean Rehabilitation Centre for Torture Victims and families	République de Corée	Médicale, psychologique, juridique, financière
Top India Trust	Inde	Médicale, psychologique, sociale
Treatment and Rehabilitation Centre for Victims of Torture	Territoires palestiniens occupés	Médicale, psychologique et sociale
Yosua Prison Ministry	Indonésie	Médicale, psychologique, sociale et financière

États d'Amérique latine et des Caraïbes

Abuelas de la Plaza de Mayo	Argentine	Psychologique
Asociación para la Salud y el Desarrollo Integral de Momostenango	Guatemala	Médicale, psychologique, sociale, financière
Association of Christians for the Abolition of Torture	Brésil	Médicale, psychologique, sociale et juridique
CAPS/Lima	Pérou	Psychologique et sociale
Centre for Legal and Social Studies	Argentine	Médicale, psychologique, sociale et juridique
Centro Alternativas	Chili	Médicale, psychologique et sociale
Centro de Estudios Fronterizos y Promoción de los Derechos Humanos	Mexique	Médicale, psychologique, juridique et sociale
Centro de Salud Mental y Derechos Humanos	Chili	Médicale, psychologique et sociale
Comisión de Derechos Humanos de El Salvador	El Salvador	Médicale et psychologique
Comisión de Derechos Humanos	Pérou	Médicale, psychologique, sociale, juridique et financière
Comité para la Defensa de la Salud, la Ética Profesional y los Derechos Humanos	Argentine	Médicale, psychologique, sociale et juridique
Equipo Argentino de Trabajo e Investigación Psicosocial	Argentine	Médicale, psychologique, sociale et juridique
Equipo de Denuncia, Investigación y Tratamiento del Torturado y su Núcleo Familiar, Corporación de Promoción y Defensa de los Derechos del Pueblo	Chili	Médicale, psychologique et juridique
Equipo de Estudios Comunitarios y Acción	Guatemala	Sociale et psychologique
Fundación de Ayuda Social de las Iglesias Cristianas	Chili	Médicale, psychologique, sociale, juridique et financière
Fundación Ecuménica para el Desarrollo y la Paz	Pérou	Médicale, psychologique, sociale et juridique
Hebrew Immigrant Aid Society	Équateur	Sociale, juridique et financière
Instituto de Terapia e Investigación	Bolivie	Médicale, psychologique, juridique, sociale
Red de Apoyo	Venezuela (République bolivarienne du)	Médicale, psychologique, sociale et juridique
Réseau sud pour la défense des droits humains	Haïti	Médicale, juridique et financière
Richmond Fellowship	Pérou	Formation
Social Rehabilitation Service	Uruguay	Médicale, psychologique et sociale
Terre des hommes	Colombie	Médicale, psychologique et sociale
Tortura Nunca Mas	Brésil	Médicale, psychologique, sociale et juridique
Union des formateurs animateurs du sud en éducation civique et au respect des droits humains	Haïti	Médicale et juridique

États d'Europe de l'Est

Albanian Rehabilitation Centre for Torture Victims	Albanie	Médicale, psychologique et sociale
Assistance Centre for Torture Survivors	Bulgarie	Médicale, psychologique, sociale et juridique
Association for Rehabilitation of Torture Victims – Centre for Torture Victims	Bosnie-Herzégovine	Médicale, psychologique et sociale
Association of Concentration Camp Inmates, Sarajevo	Bosnie-Herzégovine	Sociale et financière
Centre for Torture Victims	Bosnie-Herzégovine	Médicale, psychologique et sociale
Centre for Torture Victims – International Aid Network – Medica Zenica	Bosnie-Herzégovine, Serbie et Monténégro	Médicale, psychologique et sociale
Centre for Victims of Political Persecutions	Pologne	Médicale, psychologique et juridique
Cordelia Foundation	Hongrie	Médicale et psychologique
Empathy	Géorgie	Médicale, psychologique et sociale
Fund Against Violation of Law	Arménie	Médicale, psychologique, sociale et juridique
Georgian Centre for Psychosocial and Medical Rehabilitation of Torture Victims	Géorgie	Médicale, psychologique, sociale et juridique
Human Rights Society	Fédération de Russie	Médicale, psychologique et juridique
ICAR Foundation	Roumanie	Médicale, psychologique, sociale et juridique
International Aid Network	Serbie et Monténégro	Médicale, psychologique, sociale et juridique
International Medical Rehabilitation Centre for the Victims of Wars and Totalitarian Regimes	Ukraine	Médicale, psychologique, sociale et juridique
International Rehabilitation Centre for Torture Victims	Croatie	Médicale, juridique et financière
Khorezm Regional Department of Human Rights Society of Uzbekistan	Ouzbékistan	Médicale, sociale et juridique
Kosova Rehabilitation Centre for Torture Victims	Kosovo, Serbie et Monténégro	Médicale, psychologique et sociale
Medical Rehabilitation Centre for Torture Victims «Memoria»	République de Moldavie	Médicale, psychologique, sociale et juridique
Romanian Independent Society of Human Rights	Roumanie	Juridique
Society of Citizens Assisting Migrants	République tchèque	Psychologique et juridique
Soldiers' Mothers of St. Petersburg	Fédération de Russie	Médicale, psychologique, sociale et juridique
Stichting Russian Justice Initiative	Fédération de Russie	Juridique

Groupe des États d'Europe occidentale et autres États

Advocates for Survivors of Trauma and Torture, Baltimore	États-Unis d'Amérique	Médicale, psychologique, sociale et juridique
Amigos de los Sobrevivientes	États-Unis d'Amérique	Médicale, psychologique, sociale, juridique et financière
Appartenances	Suisse	Psychologique
Arab Community Centre for Financial and Social Services	États-Unis d'Amérique	Médicale, psychologique, sociale, juridique et financière
Association for Services to Torture and Trauma Survivors	Australie	Psychologique et sociale
Asian-Americans for Community Involvement	États-Unis d'Amérique	Médicale, psychologique, sociale, juridique et financière
Association pour les victimes de la répression en exil	France	Médicale, psychologique, sociale et juridique
Associazione Volontaria di Assistenza Socio-Sanitaria e per i Diritti di Stranieri e Nomadi	Italie	Médicale, psychologique, sociale et juridique
Bellevue Association	États-Unis d'Amérique	Médicale, psychologique, sociale et juridique
Boston Medical Centre	États-Unis d'Amérique	Médicale, psychologique, sociale et juridique
Bundesweite Arbeitsgemeinschaft der psychosozialen Zentren für Flüchtlinge und Folteropfer	Allemagne	Formation
Calgary Catholic Immigration Society	Canada	Médicale et psychologique
Canadian Centre for Victims of Torture	Canada	Psychologique
Caritas-Köln	Allemagne	Psychologique
Casa dei Diritti Sociali – Focus, Rome	Italie	Psychologique, sociale et juridique
Centre for Survivors of Torture	États-Unis d'Amérique	Médicale, psychologique et juridique
Centre for the Treatment of Torture Victims	Allemagne	Médicale, psychologique, sociale et juridique
Centre for Victims of Torture	États-Unis d'Amérique	Médicale, psychologique et sociale
Centre d'accueil et de soins Primo Levi	France	Médicale, psychologique, sociale et juridique
Centre d'action social, réhabilitation adaptation (SOHRAM-CASRA)	Turquie	Médicale, psychologique, sociale, et juridique et financière
Centre for Advocacy, Support and Education for Refugees	Australie	Assistance juridique
Centre for Multicultural Human Services	États-Unis d'Amérique	Médicale, psychologique, sociale et juridique
Centre for the Treatment of Torture Victims	Allemagne	Médicale, psychologique, sociale et juridique
Centre international de ressources juridiques	Canada	Juridique
Centre médico-psycho-social pour réfugiés et victimes de torture	Belgique	Médicale, psychologique et sociale
Centro Astalli	Italie	Sociale, juridique et financière
Centro por la Justicia y el Derecho Internacional	États-Unis d'Amérique	Juridique
Comité médical pour les exilés	France	Médicale, psychologique et sociale
Croix-Rouge suisse	Suisse	Médicale, psychologique et sociale
Edmonton Centre for Survivors of Torture and Trauma	Canada	Psychologique

El Rescate Legal Services	États-Unis d'Amérique	Juridique
Exil España, Fundació Concepció Juvanteny	Espagne	Médicale, psychologique et sociale
Exilio Hilfe für Flüchtlinge und Folterüberlebende e.V.	Allemagne	Médicale, psychologique, sociale et juridique
Fédération internationale des ligues des droits de l'homme	France	Juridique
Greater Boston Legal Services	États-Unis d'Amérique	Psychologique et juridique
Gulf Coast Community Care	États-Unis d'Amérique	Médicale, psychologique, sociale et juridique
OMEGA Health Care Centre	Autriche	Médicale, psychologique et sociale
HEMAYAT	Autriche	Médicale et psychologique
Human Rights Foundation of Turkey	Turquie	Médicale, psychologique et sociale
Human Rights Initiative of North Texas	États-Unis d'Amérique	Médicale et psychologique
International Institute of Boston	États-Unis d'Amérique	Psychologique et sociale
International Institute of New Jersey	États-Unis d'Amérique	Psychologique, sociale et financière
Italian Refugee Council	Italie	Médicale, psychologique, sociale et juridique
Khmer Health Advocates	États-Unis d'Amérique	Psychologique
Kurdish Human Rights Project	Royaume-Uni de Grande-Bretagne et d'Irlande du Nord	Juridique
Legal Aid Foundation	États-Unis d'Amérique	Juridique
Lowell Community Health Center	États-Unis d'Amérique	Médicale, psychologique, sociale et financière
Lutheran Children	États-Unis d'Amérique	Médicale, psychologique, sociale
Marjorie Kovler Centre for the Treatment of Survivors of Torture	États-Unis d'Amérique	Médicale, psychologique, sociale et juridique
Médecins sans frontière/les projets Belges	Belgique	Psychologique et sociale
Medical Foundation for the Care of Victims of Torture	Royaume-Uni de Grande-Bretagne et d'Irlande du Nord	Médicale, psychologique, sociale, juridique et financière
Medical Rehabilitation Centre for Torture Victims	Grèce	Médicale, psychologique, sociale et juridique
Medici contro la tortura	Italie	Médicale, psychologique, sociale, juridique et financière
Minnesota Advocates for Human Rights	États-Unis d'Amérique	Juridique
Organisation mondiale contre la torture	Suisse	Médicale, sociale et juridique
OSIRIS	France	Médicale et psychologique
Ottawa-Carleton	Canada	Psychologique
Parcours de jeunes	France	Médicale et psychologique
Penal Reform International	Royaume-Uni de Grande-Bretagne et d'Irlande du Nord	Juridique
Physicians for Human Rights	États-Unis d'Amérique	Médicale, psychologique et juridique
Prisoners of Conscience Appeal Fund	Royaume-Uni de Grande-Bretagne et d'Irlande du Nord	Financière
Programme for Torture Victims	États-Unis d'Amérique	Médicale et psychologique
Provident Counselling	États-Unis d'Amérique	Médicale
Red Cross Centre for Tortured Refugees in Stockholm	Suède	Médicale, psychologique et sociale
Red Cross Centre for Victims of Torture in Falun	Suède	Psychologique et sociale
Red Cross Rehabilitation Centre for Torture and War Victims in Göteborg	Suède	Médicale, psychologique et sociale

Red Cross Rehabilitation Centre in Uppsala	Suède	Psychologique et sociale
Redress Trust	Royaume-Uni de Grande-Bretagne et d'Irlande du Nord	Juridique
Refuge, Inc.	États-Unis d'Amérique	Psychologique et sociale
Refugio, Bremen	Allemagne	Psychologique
Refugio, Munich	Allemagne	Médicale, psychologique, sociale et financière
Rehabilitation Centre for Torture Victims	Danemark	Médicale, psychologique et sociale
Rehabilitation Centre for Torture Victims	Turquie	Médicale, psychologique et juridique
Réseau d'intervention auprès des personnes ayant subi la violence organisée	Canada	Médicale, psychologique et sociale
Response International/London	Royaume-Uni de Grande-Bretagne et d'Irlande du Nord	Médicale, psychologique et sociale
Rocky Mountain Survivors Center	États-Unis d'Amérique	Médicale, psychologique et juridique
Roskill Union and Community Health Service, Inc.	Nouvelle-Zélande	Médicale, psychologique et sociale
Safe Horizon, Inc.	États-Unis d'Amérique	Médicale, psychologique, sociale et juridique
Service d'aide psychologique spécialisée aux immigrants et réfugiés	Canada	Psychologique
SPIRASI Centre for the Care of Survivors of Torture	Irlande	Médicale, psychologique, sociale, juridique et formation

Donateurs en 2005

Sudanese Victims of Torture Group	Royaume de Grande-Bretagne et d'Irlande du Nord	Médicale, juridique et financière
Survivors International	États-Unis d'Amérique	Médicale, psychologique et sociale
Survivors of Torture, International	États-Unis d'Amérique	Médicale, psychologique, sociale et juridique
The Centre for Justice and Accountability	États-Unis d'Amérique	Juridique
The Treatment and Rehabilitation Unit for Survivors of Torture and Trauma	Australie	Médicale, psychologique, sociale et financière
Torture Abolition and Survivors Support Coalition	États-Unis d'Amérique	Médicale, psychologique, sociale, juridique et financière
UDC-Gruppen ApS	Danemark	Médicale, psychologique, sociale, juridique et financière
Unité de médecine des voyages et des migrations	Suisse	Médicale et psychologique
Utah Health	États-Unis d'Amérique	Médicale, psychologique, sociale et juridique
Vancouver Association for Survivors of Torture	Canada	Psychologique et sociale
Verein ZEBRA	Autriche	Médicale, psychologique, sociale et juridique
Women Against Rape	Royaume-Uni de Grande-Bretagne et d'Irlande du Nord	Psychologique, sociale, financière et juridique
Xenion Psychosoziale Hilfen für politisch Verfolgte e.V.	Allemagne	Médicale et psychologique

Pays dans lesquels des projets ont été financés en 2005

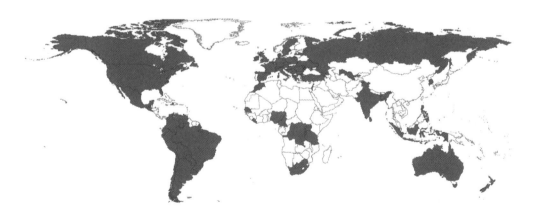

Remarque: Le tracé des frontières figurant sur ces cartes n'implique aucune approbation ou acceptation officielle de la part des Nations Unies.

NOMBRE DE PROJETS AYANT BÉNÉFICIÉ D'UN FINANCEMENT EN 2005, PAR MONTANT ET RÉGION

Subventions (dollars des États-Unis)	Afrique	Asie	Europe de l'Est	Amérique latine	Europe occidentale	**TOTAL**
4 000-10 000	9	4	3	4	6	26
10 001-20 000	7	3	4	5	14	33
20 001-30 000	4	4	3	3	22	36
30 001-40 000	4	2	2	5	15	28
40 001-50 000	2	2	4	5	14	27
50 001-60 000		2	1	1	4	8
60 001-70 000					3	3
70 001-80 000		1	1	1	8	11
80 001-90 000					2	2
90 000-100 000				1	1	2
100 001-200 000					2	2
plus de 200 000					1	1
TOTAL	**26**	**18**	**18**	**25**	**92**	**179**

MONTANTS ET POURCENTAGES DEMANDÉS ET OCTROYÉS PAR RÉGION

	Afrique	Asie	Europe de l'Est	Amérique latine	Europe occidentale	**TOTAL**
Montant demandé (dollars des États-Unis)	1 184 550	1 309 230	1 126 800	1 441 500	8 460 236	**13 522 316**
Pourcentage du montant total demandé	8,7%	9,7%	8,3%	10,7%	62,6%	**100%**
Montant octroyé (dollars des États-Unis)	479 000	539 000	543 500	828 000	4 080 000	**6 469 500**
Pourcentage du montant total octroyé	7,4%	8,3%	8,4%	12,8%	63,1%	**100%**

POURCENTAGE DES PROJETS DEMANDANT ET RECEVANT UN TIERS DE LEUR BUDGET PAR RÉGION

	Afrique	Asie	Europe de l'Est	Amérique latine	Europe occidentale	**TOTAL**
Budgets tous projets confondus (dollars des États-Unis)	3 832 370	5 036 880	4 323 600	4 424 638	48 315 418	**65 932 906**
Un tiers des budgets tous projet confondus (dollars des États-Unis)	1 277 457	1 816 303	1 441 200	1 471 476	16 098 473	**22 104 909**
Pourcentage des projets demandant un tiers du budget total	92,7%	72%	78%	97,9%	52,5%	
Pourcentage des projets recevant un tiers du budget total	37,5%	29,7%	37,7%	56,2%	25%	

INSTRUMENTS INTERNATIONAUX ET INSTRUMENTS RÉGIONAUX TRAITANT DE LA QUESTION DE LA TORTURE

1948 Déclaration universelle des droits de l'homme (art. 5).
1949 Convention de Genève (III) relative au traitement des prisonniers de guerre (art. 3, 17 et 87).
1949 Convention de Genève (IV) relative à la protection des personnes civiles en temps de guerre (art. 3 et 32).
1950 Constitution européenne des droits de l'homme (art. 3).
1966 Pacte international relatif aux droits civils et politiques (art. 7).
1969 Convention américaine relative aux droits de l'homme (art. 5, par. 2).
1975 Déclaration sur la protection de toutes les personnes contre la torture et autres peines ou traitements cruels, inhumains ou dégradants.
1977 Protocole additionnel aux Conventions de Genève du 12 août 1949 relatif à la protection des victimes des conflits armés internationaux (Protocole I) (art. 75).
1977 Protocole additionnel aux Conventions de Genève du 12 août 1949 relatif à la protection des victimes des conflits armés non internationaux (Protocole II) (art. 4 (2) (a)).
1981 Charte africaine des droits de l'homme et des peuples (art. 5)
1984 Convention contre la torture et autres peines ou traitements cruels, inhumains ou dégradants.
1985 Convention interaméricaine pour la prévention et la répression de la torture.
1987 Convention européenne pour la prévention de la torture et autres peines ou traitements cruels, inhumains ou dégradants.
1989 Convention relative aux droits de l'enfant (art. 37).
1990 Convention internationale sur la protection des droits de tous les travailleurs migrants et des membres de leur famille (art. 10).
1993 Protocole n°1 et Protocole n°2 à la Convention européenne pour la prévention de la torture et autres peines ou traitements cruels, inhumains ou dégradants
1994 Charte arabe des droits de l'homme (art. 4 (c), 13).
1998 Statut de Rome de la Cour pénale internationale (art. 7 (1) (f) crime contre l'humanité; 8 (2) (a) (ii), (c) (i) crime de guerre).
2002 Protocole facultatif se rapportant à la Convention contre la torture et autres peines ou traitements cruels, inhumains ou dégradants.

MEMBRES DU CONSEIL D'ADMINISTRATION

Anciens
Hans Danelius, Suède, 1983-1988
Ribot Hatano, Japon, 1992-2005
Elizabeth Odio Benito, Costa Rica, 1983-2003
Waleed Sadi, Jordanie, 1983-1991
Ivan Tosevski, Ex-République yougoslave de Macédoine, 1983-2005
Theo van Boven, Pays-Bas, 2004-2005
Amos Wako, Kenya, 1983-2005
Jaap Walkate, Pays-Bas, 1989-2005 (décédé)

En exercice
Savitri Goonesekere, Sri Lanka, 2006-2009
Krassimir Kanev, Bulgarie, 2006-2009
Joseph Oloka-Onyango, Ouganda, 2006-2009
Sonia Picado, Costa Rica, 2004-2009
Derrick J. Pounder, Royaume-Uni de Grande-Bretagne et d'Irlande du Nord, 2006-2009

RAPPORTEUR SPÉCIAL SUR LA TORTURE ET AUTRES PEINES OU TRAITEMENTS CRUELS, INHUMAINS OU DÉGRADANTS

Manfred Nowak, Autriche, 2004-2007
Theo van Boven, Pays-Bas, 2001-2004
Nigel Rodley, Royaume-Uni de Grande-Bretagne et d'Irlande du Nord, 1993-2001
Peter Kooijmans, Pays-Bas, 1985-1993

Une vision de l'avenir

Sonia Picado. Costa Rica. Membre du Conseil d'administration de 2004 à 2009

Ayant été récemment nommée membre du Conseil d'administration du Fonds de contributions volontaires des Nations Unies pour les victimes de la torture, c'est avec fierté et engagement que je contribue à cette publication commémorant le vingt-cinquième anniversaire du Fonds.

À la vingt-quatrième session du Conseil qui s'est tenue en avril 2005, j'ai été impressionnée par le travail accompli par celui-ci au cours de ces vingt-cinq dernières années. Je félicite tous les anciens membres du Conseil du Fonds, ainsi que le Secrétariat pour son professionnalisme. L'engagement du Haut-Commissaire aux droits de l'homme, Louise Arbour, envers le Fonds nous donne toutes les raisons d'envisager son avenir avec optimisme. Le Conseil pourrait considérer les options suivantes:

1. Par des campagnes d'action, amener tous les États à s'engager à éradiquer la torture, de même que toutes les formes de peines ou traitements cruels, inhumains ou dégradants. Il faut mettre l'accent sur les poursuites et l'application des peines prononcées à l'encontre des auteurs de ces crimes comme le veut le droit international coutumier.
2. Sachant qu'un nombre croissant de rapports indiquent que l'usage de la torture est fréquemment justifié par les impératifs de la sûreté nationale, nous devons souligner que la lutte contre le terrorisme ne peut passer par la violation des droits de la personne humaine. Il convient d'envisager d'organiser à l'intention des agents de l'État des séminaires et des formations à tous les niveaux.
3. Le rapport du Bureau des services de contrôle interne sur l'évaluation du Fonds doit faire l'objet d'un examen approfondi à la prochaine réunion du Fonds. Cela permettra à ce dernier de donner suite aux recommandations les plus importantes du Bureau, par exemple la nécessité d'améliorer l'équilibre géographique des projets financés, en particulier en Afrique. En outre, toutes les nouvelles organisations qui travaillent avec les victimes de la torture devraient bénéficier d'une formation technique et administrative afin de les aider à satisfaire aux critères de recevabilité.

Il convient d'envisager de repérer par l'entremise du Haut-Commissariat aux droits de l'homme, ainsi que d'autres sources telles que les ONG sur place, les organisations qui satisfont aux critères de recevabilité du Fonds, dès lors que leur action est perçue comme une contribution à l'éradication de la torture et à la réadaptation des victimes. Le Conseil a invité le Secrétariat à analyser la possibilité d'ouvrir une ligne budgétaire pour soutenir ce type d'activités bien spécifiques et nécessaires.

Le Fonds a accompli un travail remarquable au cours de ces vingt-cinq dernières années qui mérite toutes nos louanges. Cependant, à cause du climat géopolitique actuel, le nombre des victimes de la torture est en hausse, et il faut donc davantage de ressources financières. On espère que les pays qui par le passé, ont fait des donations généreuses maintiendront, voire augmenteront, le niveau de leur soutien financier. Il n'en demeure cependant pas moins essentiel de trouver de nouvelles sources financières grâce à des campagnes plus intensives de levée de fonds.

Les victimes de la torture de par le monde doivent vivre le restant de leurs jours avec le cauchemar de leur vécu. Si ce sont bien elles les véritables bénéficiaires du Fonds, il n'en demeure pas moins vrai que c'est grâce au soutien financier du Fonds que les organisations, qui mènent auprès de ces victimes un travail humanitaire, parviennent à survivre.

Au cours des réunions du Fonds, le Conseil, le Secrétariat et tous les autres participants s'emploient à veiller à ce que des fonds soient mis à la disposition de ceux qui en ont le plus besoin. Ces réunions constituent une merveilleuse expérience humaine, alliant efficacité professionnelle et sincérité des cœurs. La commémoration de cet anniversaire nous donne une raison d'espérer, une raison de croire que la solidarité humaine existe, enfin une raison de continuer à nous battre pour la paix et le respect des droits de l'homme.

Australie : La tâche décourageante de reconstruire des vies

Bob Burton/Rahraw Omarzad

Organisation **The Treatment and Rehabilitation Unit for Survivors of Torture and Trauma, TTRUSTT (L'unité de traitement et de réadaptation pour les survivants de la torture et de traumatistme)** Lieu **Brisbane, Australie** Date de création **1985** Type d'assistance fournie **médicale, psychologique, sociale, d'ordre pratique** Nombre de victimes assistées en 2005 **1 152 victimes avec les membres de leur famille** Nombre de nationalités représentées par les victimes **plus de 30** Programme financé **traitement et réadaptation des victimes de la torture et de leurs familles** Nombre de salariés employés par le projet **quatre (actuellement deux)**

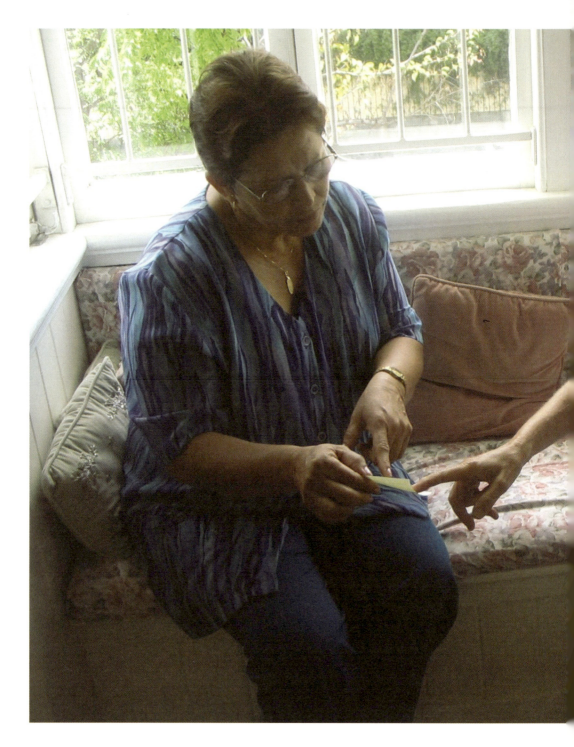

Le Docteur Urquhart reçoit Gloria, accompagnée de son interprète de langue espagnole, à un de ses rendez-vous au TTRUSTT où elle reçoit une assistance médicale, sociale et pratique. Gloria avait bénéficié d'une assistance de TTRUSTT il y a 20 ans de cela; il y a un an, son médecin de famille l'a envoyée au centre à la suite d'une grave maladie survenue dans sa famille.

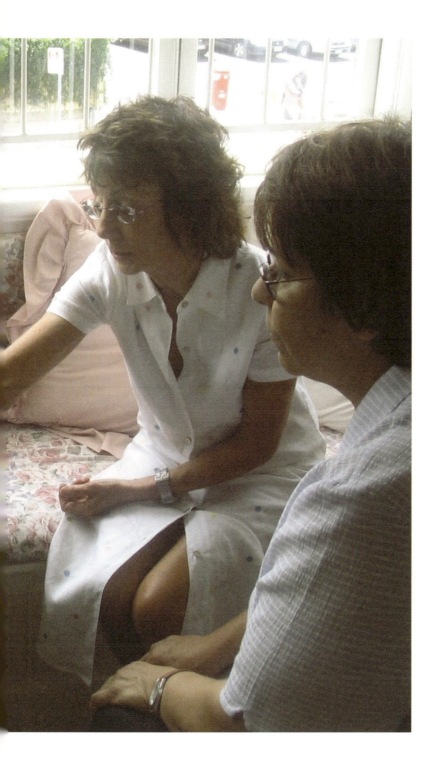

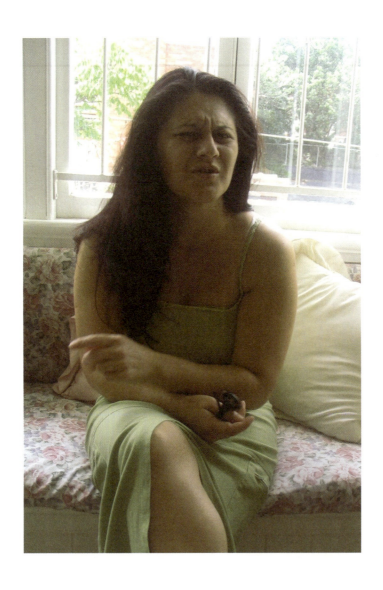

Jasminka durant un de ses rendez-vous hebdomadaires au TTRUSTT.
Son médecin traitant l'a envoyée suivre un traitement à la suite d'un grave
traumatisme. Le traitement donne de bons résultats, et Jasminka vient
de reprendre des études d'anglais et un travail à temps partiel.

Blanca est une cliente régulière de TTRUSTT. Son médecin l'a envoyée suite à un début de crise aigüe de troubles post-traumatiques précipitée par la grave maladie d'un membre de sa famille.

La famille de Nasrin bénéficie d'une assistance de TTRUSTT
depuis qu'elle est arrivée en Australie, il y a quatre ans. Nasrin
et son époux apprennent l'anglais. Son mari et son fils aîné
ont un emploi à temps partiel et les autres enfants sont scolarisés.

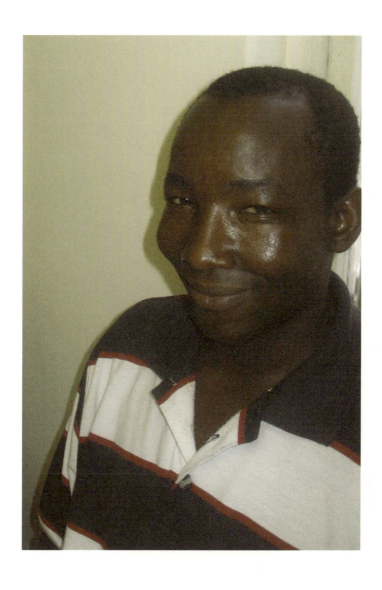

John, gravement traumatisé dans le passé, vient de s'installer avec sa famille en Australie. TTRUSTT porte assistance à tous les membres de la famille.

Ce jeune couple accueille chez eux les membres du personnel de TTRUSTT. Le mari est un client régulier de TTRUSTT.

Le sourire étincelant et les yeux foncés brillants, Fatima* nous raconte avec enthousiasme qu'une grande société d'experts comptables vient de lui offrir un emploi. Ceci marque un tournant dans sa vie, et elle est impatiente de rentrer chez elle pour partager cette bonne nouvelle avec sa mère.

Quinze ans plus tôt, Fatima, qui a aujourd'hui tout juste la vingtaine, et sa famille fuyaient leur pays déchiré par la guerre pour trouver refuge dans un camp de réfugiés situé dans un pays voisin. Le Haut-Commissariat des Nations Unies pour les réfugiés (UNHCR) a facilité leur relogement à Brisbane, la capitale subtropicale du Queensland en Australie. Avec le seul autre membre de la famille se trouvant à Brisbane, la famille de Fatima a demandé assistance à une petite organisation à but non lucratif, Treatment and Rehabilitation Unit for Survivors of Torture and Trauma.

«TTRUSTT a été tellement important pour notre famille», raconte Fatima. «À chaque fois que nous avons eu besoin de leur aide, nous avons pu compter sur eux. À mon arrivée à Brisbane, je ne connaissais pas un mot d'anglais. Avec leur aide, j'ai fréquenté l'école du Mater Children's Hospital où en jouant avec d'autres enfants j'ai commencé petit à petit à parler l'anglais. Par la suite, ils ont aidés à me trouver une école». L'an dernier, Fatima a obtenu son diplôme supérieur de comptabilité, et avec l'aide de l'organisation, a trouvé un emploi temporaire d'assistante administrative. Si elle n'a plus besoin de l'aide de TTRUSTT, ce n'est pas le cas de sa mère traumatisée par ce qu'elle a vécu dans son pays, et qui a besoin d'assistance pour affronter les difficultés de sa nouvelle vie en Australie.

Le moteur de TTRUSTT est le Docteur Aidene Urquhart, une psychiatre fermement déterminée à apporter le meilleur soutien possible aux victimes de traumatisme et de torture. «Si les jeunes membres de la famille bénéficient de soutien», explique-t-elle, «ces derniers, en général, peuvent reconstruire leur vie. C'est souvent plus dur pour les parents qui ont directement subi la torture, et qui ont souvent protégé leurs fils et leurs filles d'une grande partie du traumatisme».

En 1985, alors qu'elle travaillait dans le service de psychiatrie infantile de l'hôpital Mater Children's Hospital à Brisbane, le Docteur Urquhart s'est rendue compte qu'elle avait de plus en plus de victimes d'actes de torture et de personnes traumatisées parmi ses patients. «Très vite, il s'est avéré insuffisant de ne s'occuper que de leurs besoins médicaux. Au départ, un projet de collaboration a été élaboré avec la participation de toutes sortes de groupes de soutien issus de la collectivité. À mesure que les informations concernant le projet se diffusaient au sein de la communauté des réfugiés, les services offerts par ce dernier étaient de plus en plus sollicités. En juin 1995, TTRUSTT était officiellement enregistré comme un groupe indépendant à but non lucratif».

Chaque année, près de 1 000 réfugiés arrivent à Brisbane, tandis que 12 000 autres trouvent refuge dans d'autres régions du pays. Au début des années 80, la majorité des demandeurs d'asile débarqués en Australie avaient fui la répression politique au Chili, ou les guerres civiles au Salvador, au Guatemala, au Honduras ou au Nicaragua. Ensuite, de nouveaux groupes de réfugiés sont arrivés fuyant les bouleversements politiques en Afghanistan, en Bosnie et en Iran, et plus récemment, les conflits au Burundi, en Éthiopie et au Soudan.

«Les groupes se succèdent et ne se ressemblent pas», note le Docteur Urquhart. «Leur point commun est que lorsque ces personnes sont dans leur propre pays, elles se mettent en mode de survie, mais une fois qu'elles se retrouvent davantage en sécurité ici, l'ampleur du traumatisme et des blessures devient plus apparente».

Les bureaux se trouvent dans un bâtiment discret de deux étages, situé en face de Mater Children's Hospital et proche des centres du réseau de transport public urbain de la ville de Brisbane. Les murs des bureaux de couleur crème sans décoration et les hauts plafonds créent une atmosphère rassurante et calme.

Si l'environnement est apaisant, la pression à laquelle sont soumis les trois salariés de TTRUSTT est immense. En 2005, l'organisation a apporté son assistance à plus de 1 100 victimes de la torture et de traumatisme et à leurs familles, originaires de plus de trente nations. Certains jours,

---

* Des pseudonymes sont utilisés dans tout l'article.

jusqu'à 20 personnes peuvent se présenter à la clinique. Les rendez-vous sont souvent regroupés en fonction des langues parlées par les victimes afin d'utiliser les interprètes de manière efficace.

Chaque jour, le dernier rendez-vous est à 18 heures. Le personnel de TTRUSTT consacre son temps à mettre les victimes en contact avec près de cent groupes communautaires et organismes publics fournissant des services complémentaires, allant des transports subventionnés et des services médicaux spécialisés, à l'accès au logement et à l'assistance juridique.

L'un des attraits de l'Australie pour ceux qui cherchent à s'y établir est son éloignement géographique du lieu où la victime a subi son traumatisme. D'autre part, cette distance signifie que celle-ci se trouve coupée du soutien des membres de sa famille et de ses amis. De nombreuses victimes dès lors se sentent isolées et dépassées face à la tâche décourageante de reconstruire leur vie. En plus de l'isolement social et de la barrière linguistique, elles peuvent aussi se sentir déprimées de se retrouver dans un pays étranger et sans véritable perspective de travail; autant d'éléments pouvant provoquer ou exacerber leur mauvais état de santé. Pour celles qui avaient auparavant un emploi, possédaient leur propre logement et appartenaient à une grande famille, le changement de style de vie est radical.

«Beaucoup nous disent se sentir comme un poisson hors de l'eau», déclare le Docteur Urquhart. «Pour les aider, il ne suffit pas seulement de leur procurer un milieu sûr et une aide sociale. Ils ont aussi besoin de nombreuses autres formes de soutien, d'une évaluation de leurs besoins médicaux ainsi que de compréhension quant à la dynamique familiale qui est la leur», ajoute-t-elle.

La plupart des victimes prennent rendez-vous avant de se rendre sur place. Il n'est toutefois pas inhabituel qu'une personne poussée par une détresse extrême entre spontanément ou appelle pour demander de l'aide. «Parfois, cela consiste à trouver un interprète pour traduire l'entretien téléphonique, et avec son aide, en nous repassant à tour de rôle le combiné, nous nous faisons une idée du problème et rassurons ensuite la personne en lui disant que nous pouvons l'aider», ajoute-t-elle. «Nous devons lui répondre à ce moment là, ou sinon nous risquons de ne plus jamais avoir de ses nouvelles».

L'agent chargé des collectivités au sein de TTRUSTT, Ana Bran, et qui travaille depuis 14 ans pour l'organisation, constate que l'une de leurs plus grandes difficultés est de trouver un logement adéquat. «Trouver un logement décent est une étape vitale qui permet de faire naître un sentiment de sécurité. Parfois, il faudra 15 ou 20 appels téléphoniques uniquement pour trouver une maison ou un appartement convenable».

Madame Bran doit parfois rassurer les agents immobiliers qui craignent que ces personnes ne soient pas de bons locataires. Les survivants de la torture peuvent avoir, eux aussi, des besoins spécifiques en matière de logement. «Certaines personnes, pour avoir été torturées en prison, ne veulent pas vivre dans une maison dont les murs intérieurs sont en brique, parce que cela leur rappelle la cellule d'une prison», déclare Madame Bran. Celles qui, pendant la guerre, se sont retrouvées piégées dans des immeubles à plusieurs étages ne se sentiront peut-être en sécurité que dans un logement au rez-de-chaussée. D'autres ne sentiront bien que dans un logement situé en hauteur. Le nombre limité de logements subventionnés force de nombreuses victimes et leurs familles à se rabattre sur le marché de l'immobilier qui connaît une pénurie de logements appropriés à un coût abordable convenant à des familles au budget modeste.

Un certain nombre de victimes de la torture ne connaissant pas l'existence de TTRUSTT à leur arrivée à Brisbane se sont heurtées à l'indifférence des organismes publics. «À notre arrivée nous ne connaissions personne…on nous a donné un appartement mais en nous disant qu'il faudrait en changer dans un mois», raconte Blanca, qui a fui la guerre civile. Quelques semaines après leur arrivée en Australie, son époux s'est suicidé. Plus de dix ans après, Blanca continue à se tourner vers l'organisation pour trouver du soutien. «Je ne sais pas ce que je deviendrais sans eux», déclare-t-elle.

Depuis la création de TTRUSTT, le Gouvernement australien finance un réseau national regroupant d'autres associations à but non lucratif fournissant des services de soutien aux victimes de la torture. Cependant, les conditions auxquelles elles doivent se soumettre pour obtenir des sources de financement les amènent à privilégier les projets à court terme. Une traductrice qui a travaillé dans une de ces associations financées par l'État, et qui parle sous le couvert de l'anonymat, se dit horrifiée par le fait que les membres du personnel étaient censés clore les dossiers des clients le plus vite possible. «On nous a dit que nous ne pourrions revoir la même personne que trois fois…que le dossier devrait ensuite être transféré à quelqu'un d'autre. Il s'agit là d'une restriction bureaucratique limitant notre capacité tant personnelle qu'institutionnelle à établir une relation de confiance», dit-elle.

Une autre survivante de la torture, Gloria, se rappelle d'un adolescent qui demandait l'asile. «Un jeune garçon se rendait auprès d'un organisme financé par le gouvernement, et à chacune des trois visites, il a dû raconter à nouveau son expérience traumatisante à une personne différente à chaque fois. Ce n'est pas étonnant, qu'il ait cessé d'y aller».

TTRUSTT apporte un soutien illimité. Les anciens bénéficiaires y reviennent fréquemment en période de crise personnelle. Pour ceux qui se tournent vers TTRUSTT, le Docteur Urquhart qui dirige l'organisation depuis la création de celle-ci, et Madame Bran qui y travaille depuis 14 ans, sont des personnes clés parce qu'elles donnent un sens de continuité et de famille. «C'est le sentiment que vous pouvez passer à n'importe quel moment, demander n'importe quoi. C'est merveilleux de savoir que vous avez quelqu'un qui vous soutient», dit Natasa. «C'est le sentiment que vous pouvez appeler et qu'ils vous comprennent, c'est un sentiment d'amitié et de sécurité». ajoute Miroslav. «Nous nous sentons chez nous ici. Ils se soucient de nous et ils veulent nous aider». Les clients actuels comme les anciens ne tarissent pas d'éloges au sujet de Docteur Urquhart. «Je pense parler au nom de tous les clients. Sans elle, je ne sais pas ce que j'aurais fait», dit Nermina.

Malgré ses actions positives, l'organisation connaît une situation extrêmement précaire sur le plan financier. Ces dix dernières années, les subventions reçues par TTRUSTT en provenance du Fonds de contributions volontaires des Nations Unies pour les victimes de la torture ont été modestes et elles ont diminué. «Il n'est pas facile de récolter des fonds pour les victimes de la torture et les personnes traumatisées, et avec si peu de salariés nous n'avons pas les moyens de disperser nos maigres ressources humaines», déclare le Docteur Urquhart.

Il y a deux ans, la diminution du financement reçu a contraint l'organisation à mettre un terme à ses sessions hebdomadaires de thérapie en groupe qui duraient quatre heures. «Nous aurions tant voulu les maintenir, mais c'était tout simplement impossible», dit le Docteur Urquhart. «Les victimes les attendaient elles aussi avec tant d'enthousiasme qu'elles se levaient à 4 heures du matin pour préparer des spécialités culinaires qu'elles apportaient au déjeuner». Si les sessions étaient consacrées aux activités créatives, leur but ultime était de faciliter l'instauration d'un réseau de soutien social entre les participants. «Les sessions de thérapie de groupe étaient vraiment importantes. Il y avait toujours un endroit où les clients pouvaient trouver des interprètes et parler à des clients originaires d'autres pays. Beaucoup regrettent ces groupes», remarque le Docteur Urquhart. Ce point de vue est partagé par Miroslav. «Dans ces groupes, on se sentait en famille…ce serait bien s'ils reprenaient».

Il existe en Australie des organisations offrant des services similaires et qui sont financées par des organismes publics. Cependant, TTRUSTT maintient qu'être financièrement indépendant des pouvoirs publics présente de nets avantages. Madame Bran ajoute que si cette indépendance par rapport aux fonds publics rend la tâche de l'organisation plus difficile, certains réfugiés sont réticents à l'idée de s'adresser à un organisme public alors qu'ils ont été persécutés par leur propre administration. «Le fait que nous sommes financés par les Nations Unies est rassurant», dit-elle, «surtout pour ceux qui viennent ici après avoir reçu l'assistance du UNHCR».

Malgré le fait que l'organisation compte plus de 1 000 victimes et membres de leurs familles, de nombreuses personnes qui en auraient besoin ne bénéficient pas de ses services. Il arrive de temps à autre que le premier contact avec TTRUSTT s'établisse à l'initiative des familles d'une victime de la torture après qu'un des membres, en général un jeune de sexe masculin, se soit suicidé. «C'est une des pires choses à affronter pour nous, parce que nous savons que ceci aurait pu être évité», déclare le Docteur Urquhart.

Le Docteur Urquhart travaille souvent tard le soir et connaît la valeur du travail accompli par TTRUSTT. «Je vois ce que nous arrivons à changer en si peu de temps», dit-elle. «Je sais qu'ils ne bénéficieraient nulle part ailleurs de la même aide, et nous ne pouvons pas les laisser tomber».

Ce couple, arrivé en Australie il y a dix ans, est client de TTRUSTT depuis lors.

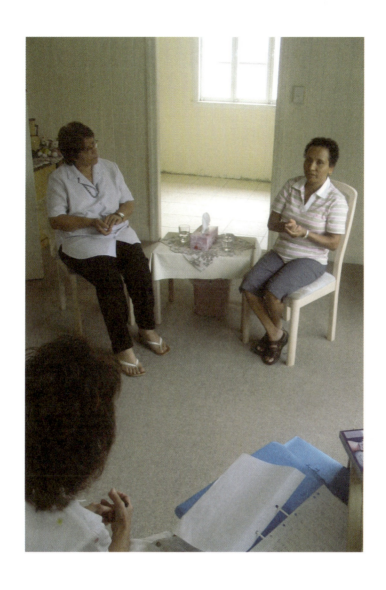

Marta, en compagnie du docteur Urquhart et de son interprète.
TTRUSTT lui porte assistance depuis son arrivée en Australie, il y a dix-huit ans.
Marta concilie bien la vie de famille et le travail à plein temps.

Ana lors d'une récente réunion dans les locaux de TTRUSTT. Sa famille a bénéficié d'une assistance de TTRUSTT à leur arrivée à Brisbane, il y a quinze ans. Sa famille s'est bien acclimatée, tous ses enfants ont terminé les études universitaires et ont un emploi à plein temps.

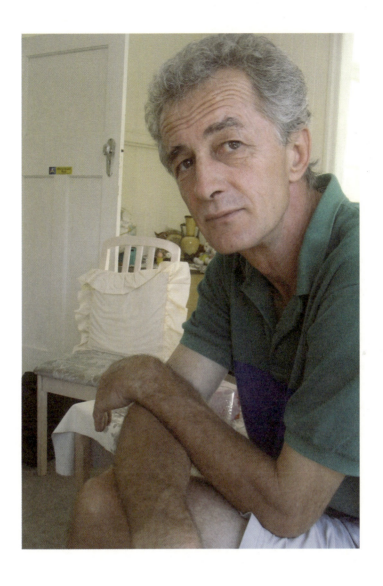

La famille d'Ismet suit les séances du TTRUSTT depuis son arrivée en Australie, il y a dix ans. Tous les membres de la famille travaillent ou étudient à plein temps.

La famille de Zoreh et Habib, arrivée en Australie il y trois ans,
a été dirigée vers TTRUSTT en 2004.

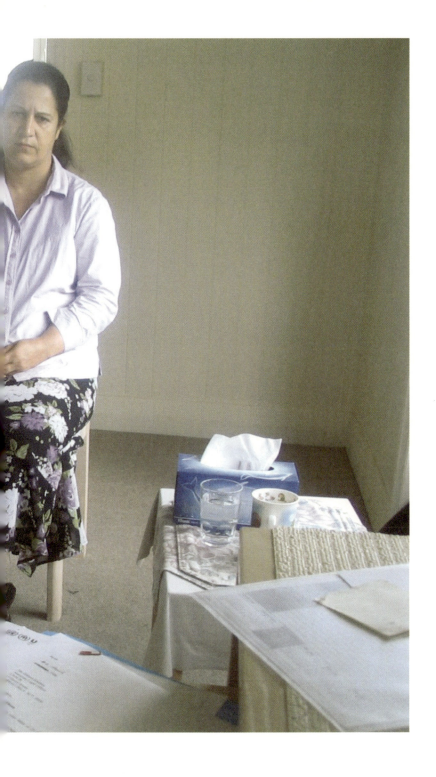

La famille de Muna reçoit une assistance de TTRUSTT depuis son arrivée en Australie, il y a 11 ans.

Sarah bénéficie d'une assistance de TTRUSTT depuis son arrivée
en Australie, il y a dix ans.

La famille de Carlos a bénéficié d'une assistance de TTRUSTT
il y a seize ans de cela, à son arrivée en Australie. Carlos étudie aujourd'hui
à l'université. Sa mère continue à maintenir des contacts avec TTRUSTT.

Saba est la fille d'un client de TTRUSTT.
Elle travaille comme pharmacienne assistante.

Les trois générations de cette famille accueillent à domicile le docteur
Dr. Urquhart et Madame Bran. La famille est assistée par TTRUSTT depuis
son arrivée en Australie, il y a dix ans. Les plus jeunes étudient ou ont
un emploi à temps plein. Les parents continuent à se rendre régulièrement
au TTRUSTT.

Une autre famille accueille les membres de TTRUSTT. La famille reçoit une assistance de l'organisation depuis son arrivée en Australie, il y a sept ans. Tous les membres de la famille aujourd'hui étudient ou travaillent à temps plein. Les parents restent régulièrement en contact avec TTRUSTT.

Le Fonds et la communauté internationale

Ivan Tosevski. Ex-République yougoslave de Macédoine. Membre du Conseil d'administration du Fonds de 1983 à 2005

Mon expérience au sein du Conseil d'administration me conduit à penser que nous devons faire davantage pour poursuivre et renforcer l'influence positive du Fonds. Plus particulièrement, nous devons augmenter le nombre des États donateurs et le montant de leurs contributions financières, le nombre des projets menés par les ONG avec notre soutien financier et plus important encore, nous concentrer sur des formes plus efficaces de réadaptation des victimes de la torture et de leurs familles.

Compte tenu de l'importance du travail mené par le Fonds, j'estime qu'il était primordial que le Bureau des services de contrôle interne du Secrétariat évalue ses activités et son influence, et formule des recommandations pour améliorer celles-ci. Le Bureau s'est livré dans son rapport à une analyse sérieuse des activités du Fonds, de son Conseil d'administration et du Secrétariat. Je suis convaincu que la mise en œuvre d'un grand nombre des propositions améliorera les résultats du Fonds. En particulier, je me suis toujours félicité du haut degré d'engagement du Secrétariat. Ces dernières années, celui-ci a effectué des centaines de visites sur le terrain pour évaluer les projets des ONG, et recueillir ainsi les informations qui sont indispensables au Conseil pour décider en connaissance de cause de la suite à donner aux demandes de subvention. Néanmoins, ce contrôle interne devra être renforcé si l'on souhaite renforcer le soutien du Fonds aux victimes de la torture.

J'ai toujours été fondamentalement soucieux de rallier le soutien financier de la communauté internationale à la cause du Fonds. Seul un tiers des États Membres apporte son soutien financier au Fonds. Quant aux régions existantes, près des deux tiers des subventions proviennent du groupe des États d'Europe occidentale et autres États. Le Conseil d'administration a suggéré au cours de ses réunions régionales de levée de fonds ainsi que dans ses rapports annuels au Secrétaire général, que même des contributions modestes et symboliques pouvaient être utiles au travail du Fonds. Il semblerait que l'on se dirige vers ce type de contribution, et j'espère que tous les États Membres de l'Organisation des Nations Unies contribueront au Fonds.

J'aimerais attirer l'attention sur un document de base du Fonds, à caractère pratique, à savoir les lignes directrices à l'usage des organisations. Sans celles-ci, qui ont été établies par le Conseil d'administration et le Secrétariat, le Fonds serait bien en peine d'agir comme il se doit. Nous avons commencé à rédiger ces lignes directrices lors de notre première session à New York, et les deux ou trois réunions qui ont suivi ont été avant tout consacrées à cette tâche.

Notre objectif principal a été d'instaurer des relations bien définies entre le Fonds et les ONG. «Toute demande émanant d'un organe gouvernemental, parlementaire ou administratif, un parti politique ou un mouvement de libération nationale est inadmissible» et «la priorité dans l'attribution de subventions va aux projets qui procurent une aide directe médicale, psychologique, sociale, économique, juridique, humanitaire ou autre à des victimes de la torture et à des membres de leur famille»[1].

Tant le Fonds que les ONG ont suivi ces lignes directrices qui demeurent l'outil le plus important de l'assistance apportée aux victimes de la torture et à leur réadaptation.

---

[1] Fonds de contributions volontaires des Nations Unies pour les victimes de la torture, *Lignes directrices du Fonds à l'usage des organisations*, avril 2005.

Le Fonds et l'Afrique

Amos Wako. Kenya. Membre du Conseil d'administration de 1983 à 2005

À l'époque de la création du Fonds de contributions volontaires des Nations Unies pour les victimes de la torture par l'Assemblée générale aux termes de la résolution 36/151 du 15 décembre 1981, de nombreux pays en Afrique étaient gouvernés par des dictateurs militaires ou par un parti unique. La torture était largement pratiquée dans tout le continent. L'absence de toute opposition politique organisée ou de groupes appartenant à la société civile pour dénoncer les violations des droits de l'homme était flagrante. Ceux qui portaient assistance aux victimes de telles violations étaient encore moins nombreux. Les associations professionnelles d'avocats et de médecins n'avaient pas encore soulevé officiellement la question des droits de l'homme.

Le Conseil d'administration de l'époque s'était rendu compte qu'il y avait effectivement de nombreuses victimes de la torture en Afrique. La principale difficulté résidait dans le nombre limité de personnes, de groupes ou d'organisations de la société civile capables de leur apporter une assistance. Des initiatives destinées à identifier les personnes et les organisations par lesquelles acheminer cette assistance ont été prises au tout début.

Le Conseil a toujours accordé une grande priorité à la formation du personnel médical au traitement des victimes de la torture. Il a financé la formation d'un certain nombre de médecins venus d'Afrique au Centre de réadaptation et de recherche pour les victimes de la torture (RCT) à Copenhague, qui à l'époque était le seul centre disposant des compétences requises. D'autres ont suivi des séminaires et des ateliers, financés en grande partie par le Fonds, consacrés principalement à la formation du personnel médical aux techniques de traitement des victimes de la torture. Un appui financier a par ailleurs été accordé au Docteur Inge Genefke, fondatrice du RCT, pour lui permettre de se rendre plusieurs fois en Afrique afin de donner plusieurs cours de formation intensive à l'intention des membres des professions médicales.

En luttant pour une démocratie pluripartite, les groupes de la société civile, les associations professionnelles d'avocats et de médecins, se sont multipliés en Afrique, ce qui a conduit à une prise de conscience des droits de l'homme sur tout le continent. Outre les programmes de formation médicale déjà financés par le Fonds, des organisations pouvant acheminer des fonds pour venir en aide aux victimes de la torture avaient également été identifiées.

Le Fonds a augmenté son assistance à l'Afrique de telle manière qu'en 2002, par exemple, 22 sur les 145 organisations financées se trouvaient en Afrique. De ce fait, les projets africains ont bénéficié de 871 900 dollars sur un montant total de 7 458 170 dollars. Cependant, l'Afrique a continué à être la région la moins subventionnée des cinq, malgré le fait qu'elle soit l'une des plus touchées par le phénomène de la torture. Mais pour compléter ce tableau, il convient aussi de dire que de nombreuses organisations européennes et nord-américaines subventionnées viennent en aide aux victimes ayant fui l'Afrique pour se réfugier dans ces régions ou mettent en œuvre des projets en Afrique. Même si des progrès ont été réalisés, le Conseil reste confronté aux mêmes défis qu'au départ.

En termes de contributions au Fonds, bien que l'Afrique représente le continent le moins développé, il serait judicieux qu'un plus grand nombre de gouvernements africains contribuent au Fonds en signe de soutien. Dès lors, je tiens à adresser un hommage et des remerciements à des pays comme l'Afrique du Sud, l'Algérie, le Botswana, le Cameroun, le Kenya, la Jamahiriya arabe libyenne, le Maroc, l'île Maurice, la Mauritanie, l'Ouganda, le Sénégal, le Soudan, le Togo et la Tunisie qui ont versé des contributions au Fonds à l'époque où je siégeais au Conseil.

Pakistan : Reprendre confiance en soi avec les annéess

Rina Saeed Khan/Ilse Frech

Organisation **Sach Struggle for Change (La lutte pour le changement)** Lieu **Islamabad, Pakistan** Date de création **1994** Type d'assistance fournie **médicale, physiologique, psychologique, juridique, sociale, financière** Nombre de victimes assistées en 2005 **3 518 victimes primaires et secondaires** Nombre de nationalités représentées par les victimes **six** Programme financé **Sach pour la réadaptation des victimes de torture** Nombre de salariés employés par le projet **13**

Samina, 14 ans, en quatrième année de l'école, rêve de devenir avocate.
Elle a été violée par son père depuis l'âge de sept ans, et plus tard par les agents
de police qui l'avaient prise en détention pour assurer sa protection –
elle avait alors neuf ans. Aujourd'hui elle vit dans un abri à Islamabad que
lui a fourni l'organisation Sach.

La plus jeune des filles de la famille Shah avec son père, chez eux, dans le camp de réfugiés n° 6. Ahmed, sa femme et leurs huit enfants appartiennent à la minorité tadjike, une minorité afghane dont la langue est le Dari. Ils ont fui l'Afghanistan il y a 20 ans. Ahmed a été arrêté en 1979, soupçonné d'appartenir au mouvement des moudjahidine. Il a été torturé pendant les six années de son incarcération.

La femme d'Ahmed Shah se détend ce premier jour de l'*Eid*
(le jour férié musulman), après avoir préparé un repas pour les membres
de sa famille immédiate et de sa famille étendue. Elle a divers
problèmes de santé. L'équipe médicale de Sach la suit au centre à Haripur.

La famille Shah prépare le repas spécial qui est pris à l'occasion de l'*Eid*.
Les femmes arborent leurs plus belles robes pour ce jour férié spécial.

Abdullah, le neveu d'Ahmed Shah, appartient à la minorité ouzbèke, et vit à Mazaar-i-Sharif, Afghanistan. Abdullah a été arrêté en 1997 alors que la ville était contrôlée par les Taliban. Emprisonné pendant six mois, il a été régulièrement battu pendant tout un mois avant d'être libéré. Il souffre aujourd'hui de troubles rénaux chroniques et se rend au Pakistan pour y suivre un traitement. Sa mère s'est portée volontaire pour lui donner un de ses reins.

La cour de la maison de la sœur du Docteur Ali Masood. Le Docteur Masood est un des médecins employés par Sach au camp de Jalozai.

Les femmes et les filles de la famille Shah en pleine célébration de l'*Eid*.

«Ce qui m'est arrivé...c'est comme un film qui repasse sans arrêt dans ma tête. Quand je ferme les yeux, je le vois, et je le revois», raconte Haider,* 27 ans, réfugié afghan victime de la torture, aujourd'hui installé à Islamabad. Timide, il a de la peine à s'ouvrir complètement. Il sourit nerveusement et ses jambes tremblent, incontrôlables, tandis qu'il raconte son histoire.

Nous sommes en 1996. Une nuit, alors qu'il vivait à Kaboul, Haider a été entraîné de force hors de sa maison par des représentants des Taliban; il est retenu prisonnier sous prétexte qu'il est tadjik, et accusé d'être communiste. Après pratiquement deux mois de coups brutaux et de torture, il est amené dans un hôpital à Kaboul, dont il s'échappe pour rejoindre le Pakistan.

Haider n'est pas le seul. Des milliers d'afghans vivant dans les camps de réfugiés pakistanais ont été torturés pendant la guerre civile qui a suivi le coup d'État communiste en 1978. On signale des actes de torture commis par et contre les tadjiks et les ouzbeks, les pachtouns et les hazaras. À un moment donné, il y avait plus de trois millions de réfugiés afghans dans les camps au Pakistan; tous avaient fui la violence. Après l'invasion de l'Afghanistan en 2001, menée par les États-Unis et la défaite consécutive du régime des Taliban, des allégations apparaissent selon lesquelles la torture est pratiquée par les forces d'occupation et par des éléments au sein de l'Alliance du Nord afghane. Si la plupart des victimes afghanes vivant au Pakistan ont eu le temps de se remettre de leurs blessures physiques, au niveau émotionnel leurs cicatrices restent.

Aujourd'hui, Haider et d'autres reprennent le dessus grâce à l'assistance de Sach Struggle for Change. C'est en 1994 que cette organisation, dont le siège se trouve à Islamabad, a commencé à œuvrer pour la réadaptation et la réinsertion des survivants de la torture. Chaque année, Sach bénéficie d'un financement du Fonds de contributions volontaires des Nations Unies pour les victimes de la torture qui lui permet de poursuivre son travail. «C'est un financement très important pour nous parce qu'il est spécifiquement consacré aux victimes de la torture, et nous assure de l'argent chaque année qui nous permet de continuer notre programme de réadaptation», déclare Khalida Salimi, Directrice et fondatrice de Sach.

«Notre première interaction avec les victimes de la torture est toujours médicale. Nos médecins examinent les victimes, les conseille et leur recommandent une physiothérapie assortie d'une évaluation psychiatrique. À l'heure actuelle, nous disposons d'une équipe composée de 4 médecins, 3 conseillers, un physiothérapeute et un guérisseur traditionnel chinois qui travaillent ensemble sur chaque cas...tout au long du processus de réadaptation», souligne-t-elle. Parce qu'il s'agit d'un travail éprouvant sur le plan émotionnel, Sach vient de démarrer une formation à l'intention de son personnel intitulée «prendre soin de ceux qui prennent soin», qui fournit des conseils pratiques pour gérer le stress.

Rabia Fazal, la physiothérapeute chez Sach, travaille auprès de victimes souffrant de plaies non guéries, d'infections, d'inflammations des articulations, de douleurs chroniques, d'atonies musculaires, et de troubles rénaux consécutifs à la torture. Dans le cas de Haider, on commençait à le battre à 23 heures, chaque nuit, jusqu'à l'aube ou jusqu'à ce qu'il perde connaissance. «Ils me posaient des questions du type – «Pourquoi es-tu tadjik?» ou ils me demandaient de leur donner des noms et des adresses d'autres tadjiks. Je n'avais pas de réponse alors les coups continuaient», raconte Haider. Après 50 jours de captivité, les Taliban l'ont envoyé à l'hôpital. «J'ai cru que j'allais mourir, mais il m'est resté suffisamment de force pour donner au médecin le numéro de téléphone de mon père». Son père a payé le médecin pour faire sortir son fils. Les pieds bandés, Haider et [son épouse] Farah ont été immédiatement mis dans un bus en route pour Peshawar dans le nord-ouest du Pakistan.

«À son arrivée chez nous, Haider marchait sur les orteils tant cela lui faisait mal de prendre appui sur ses talons. Ses mollets étaient engourdis, sa musculature affaiblie et il avait les reins abîmés», déclare Rabia. Au départ, il a été hospitalisé pour ses problèmes rénaux. Haider a aussi dû réapprendre à marcher, et il a appris le yoga pour se détendre.

* Des pseudonymes sont utilisés dans tout l'article.

Pour avoir une évaluation psychiatrique d'un expert, Sach renvoie ses clients au Docteur Rizwan Taj, chef du service psychiatrique d'un hôpital tout proche offrant gratuitement ses services aux clients de Sach. Haider bénéficie de traitements complets par le Sach depuis l'an 2000 et, d'une manière générale, il s'est bien réadapté. Cependant, son passé continue à le hanter et il lui faut assister à des séances de conseil de temps à autre. On lui a diagnostiqué un trouble post-traumatique. «Justement, la semaine dernière, Haider est venu me trouver en pleurs. Il a encore de nombreuses phobies. Réfugié afghan vivant au Pakistan, il ne se sent pas du tout en sécurité», explique Shazia Azhar qui travaille depuis maintenant plusieurs années comme conseillère chez Sach.

Haider craint pour sa vie à Kaboul, et on a par ailleurs essayé à deux reprises d'attenter à sa vie à Islamabad. Haider dit que son seul espoir est de partir vivre avec sa famille à l'étranger. Cependant, le HCR a rejeté sa demande. Il fait pour l'heure appel de la décision. «J'ai peur. S'il m'arrive quelque chose, que deviendront mes enfants? Ils ont peur pour moi et ils prient pour que tout aille bien. Je veux seulement qu'ils aient une vie meilleure» déclare Haider. «Même si ma demande a été rejetée, cela ne m'empêche pas de me réjouir pour ceux qui partent s'installer à l'étranger. Je vais même les accompagner à l'aéroport», ajoute Haider.

Haider vit dans un petit appartement qu'il loue à la périphérie d'Islamabad, avec son épouse Farah, leur fille âgée de neuf ans et leurs trois jeunes fils. Il est le seul à subvenir aux besoins de la famille, mais il n'aime pas rester trop longtemps loin de chez lui. Il ne se sent à l'aise que chez lui auprès de sa femme et de ses enfants. Haider parle afghan, tadjik, perse et urdu, et travaille maintenant comme interprète pour le Sach. «Nous lui avons trouvé cet emploi...pour l'aider à se réintégrer dans la société. Il le fait très bien et il a repris confiance avec les années. Cela lui fait aussi beaucoup de bien de rencontrer d'autres victimes de la torture parce qu'il dit ne plus se sentir aussi seul lorsqu'il entend les histoires des autres», dit Shazia. «Chaque fois qu'une nouvelle victime de la torture arrive, il s'identifie à sa détresse émotionnelle et l'aide vraiment à se détendre, à s'ouvrir et à partager ses expériences avec nous». Et Haider ajoute, «quand je vois d'autres souffrir, je veux les aider. Je ne veux pas qu'ils traversent ce que j'ai vécu».

Près de 48 pour cent des victimes de la torture qui sollicitent Sach sont des ressortissants afghans. Sach a ouvert des centres satellites dans des camps de réfugiés situés à Haripur, Jalozai et Dera Ismail Khan dans la province frontière du nord-ouest à la frontière avec l'Afghanistan. Bien que l'Afghanistan soit devenu relativement calme et que le régime des Taliban ne soit plus au pouvoir, nombreux sont les réfugiés qui refusent de retourner chez eux dans leur pays en dépit des pressions de plus en plus fortes exercées par le Gouvernement pakistanais. «La situation n'est pas bonne en Afghanistan. Nous sommes bien plus en sécurité ici au Pakistan», dit Ahmed Shah, 50 ans, qui vit dans le camp n° 6 à Haripur, à deux heures de voiture d'Islamabad.

Jovial, les yeux pétillants, Ahmed vit au Pakistan depuis près de vingt ans, et a monté un artisanat prospère dans le bazar local. En 1979, alors qu'il vivait dans les montagnes près de Kaboul, Ahmed a été arrêté par le régime communiste et accusé d'appartenir aux Moudjahidine. Emprisonné pendant près de sept ans à Kaboul, il était régulièrement battu au moyen de bâtons en bois et de barres en fer. Après avoir été relâché, Ahmed est parti s'installer au Pakistan avec sa femme et ses huit enfants. Aujourd'hui, il travaille comme bénévole pour Sach qui l'a aidé à monter son entreprise en lui donnant une formation à l'artisanat et une petite subvention de 8 000 PKR (approximativement 133 dollars américains) pour l'achat des matières premières. «Je suis très heureux de vivre maintenant à Haripur. Les médecins de Sach nous donnent gratuitement des médicaments et s'occupent de nous. Nous leur sommes très reconnaissants».

Le neveu d'Ahmed, Abdullah, 30 ans, vient d'arriver au Pakistan et suit un traitement dans le centre satellite de Haripur. Appartenant à la minorité tadjike, il a été torturé en Afghanistan par les Taliban qui ont occupé la ville de Mazaar-i-Sharif en 1997. Il a été arrêté et battu pendant plus d'un mois dans une prison à Kandahar. On lui a diagnostiqué une insuffisance rénale et sa mère a proposé de lui donner un de ses reins. Sach essaye de récolter des fonds pour l'opération.

«Nous entretenons des relations avec divers médecins et hôpitaux de la région qui nous offrent des réductions sur les opérations et les traitements», explique Shazia, qui effectue des visites régulières au camp de Haripur. «Ahmed Shah est vraiment devenu une des figures emblématiques de la communauté. Il s'en est bien sorti, pour lui et sa grande famille. Notre philosophie c'est: au lieu de donner du poisson aux réfugiés, pourquoi ne pas leur apprendre à le pêcher eux-mêmes. Outre les séances de conseil, les examens médicaux de contrôle et la physiothérapie, nous dispensons aux réfugiés des formations de type classique et des formations sur les moyens de générer des revenus. Ahmed a appris ces techniques artisanales dans notre atelier et a par la suite monté sa propre affaire, qui marche très bien».

La plupart des réfugiés vivant à Haripur sont des entrepreneurs florissants dont les entreprises de tissage de tapis et d'artisanat prospèrent. Bien qu'ils se rendent régulièrement en Afghanistan, la plupart d'entre eux n'éprouve aucun désir d'y retourner définitivement. Haripur compte plus de 20 camps dans lesquels vivent plus de 30 000 afghans. Les logements sont de simples structures en boue construites autour de cours centrales. Il n'y a pas d'installation sanitaire correcte, mais les réfugiés disposent d'eau potable et propre fournie par des pompes à eau. Leur plus grande crainte est d'être surpris sans papiers par la police locale.

Les rapports sur les droits de l'homme indiquent que les mauvais traitements infligés aux suspects en garde à vue est un problème systématique au Pakistan. L'histoire de Samina est particulièrement atroce. Agée de 14 ans, elle est originaire d'une petite communauté rurale à Toba Tek Singh au centre du Punjab. Elle a été victime de violences au sein de sa famille et torturée par la police. Son beau-père a commencé à la violer alors qu'elle avait sept ans. À neuf ans, elle s'enfuit de chez elle. Des agents de police l'ont trouvée, retenue en garde à vue et régulièrement violée. Il est prétendu que c'est une pratique courante au Pakistan où les femmes dépourvues de relations ou de ressources sont soi-disant souvent violées durant leur garde à vue. «C'est une question de pouvoir et de contrôle. Les agents de police ont le sentiment de pouvoir faire ce qu'ils veulent, car la victime est complètement en leur pouvoir», nous explique Khalida.

Un journaliste local qui se trouvait dans la gendarmerie a remarqué la petite fille derrière les barreaux et publié un article à son sujet. L'indignation publique a forcé la police à entrer en contact avec Sach qui a fourni un abri et porté assistance à la jeune fille. Samina a courageusement raconté son histoire au juge qui a accordé à Sach la garde et la protection de la jeune fille. La mère de celle-ci avait déposé une demande de comparution selon la procédure de l'habeas corpus pour obtenir la libération et la garde de sa fille. Cependant, le juge a décidé que cette dernière ne devrait pas retourner dans la maison où elle avait été de manière répétitive violée par son beau-père.

Aujourd'hui, Samina vit dans un abri de Sach à Islamabad et est scolarisée. Cette jeune fille semble apeurée. Elle souffre d'énurésie nocturne, a des cauchemars et éprouve un sentiment de solitude. «Elle n'aime pas raconter ce qui lui est arrivé et ne se confie qu'à la personne qui la suit comme conseillère», déclare Khalida, qui a pris en charge Samina. «Elle veut désormais simplement tout oublier, ne plus y penser du tout. Elle préfère se tourner vers l'avenir». Elle vient d'être admise dans une école privée, après des cours intensifs qui lui ont permis de rattraper le niveau des enfants de son âge. Samina sourit quand on lui pose des questions sur son école. Elle dit vouloir devenir avocate quand elle sera plus grande.

On peut pourtant avoir de l'espoir pour l'avenir puisque les gendarmeries à Lahore et Islamabad apprennent à améliorer leurs pratiques et leur traitement des détenus. Sach participe pour l'heure aux efforts déployés pour inculquer aux membres des forces de police des méthodes d'enquête appropriées. Leur réaction a été positive.

Sach agit aussi au niveau des prisons pakistanaises, où la torture serait une pratique courante. «On signale des coups, l'humiliation, la prostitution, les insultes et la privation de sommeil. Ces pratiques sont généralisées», confirme Khalida. Sach envoie des équipes de médecins et d'avocats dans les grandes prisons comme celles de Kot Lakhpat à Lahore et d'Adiala à Rawalpindi.

«Les abus de pouvoir sont permanents dans les prisons et dans les cellules. Le problème vient du fait que les droits fondamentaux de la personne ne sont pas protégés».

Le Gouvernement pakistanais n'a toujours pas ratifié la Convention contre la torture. «Sach intercède auprès du Gouvernement pour que ce dernier ratifie la Convention», explique Khalida. «Nous avons organisé plusieurs séminaires auxquels étaient invités des ministres. Nous avons aussi lancé une campagne auprès des médias pour insister sur cette question et nous consultons des avocats. Nous espérons que cette ratification aura bientôt lieu».

Malgré les efforts déployés par des organisations comme Sach, les victimes de la torture luttent pour mener une vie normale. Si Samina n'est pas capable d'expliquer ce qu'elle vit, Haider lui nous laisse entrevoir sa souffrance. «Je me sens aujourd'hui vivant seulement à 20 pour cent. Les autres 80 pour cent sont morts. Je ne sais pas pourquoi cela devait m'arriver. Ce n'était pas juste», dit-il en larmes. «Je continue à avoir peur…Je continue à dormir difficilement la nuit». Shazia lui met la main sur l'épaule pour le soutenir.

À la périphérie du camp de réfugiés afghans de Haripur.

Effets personnels de la famille Shah.

La famille Shah chez elle, dans le camp n°6 à Haripur.

Ahsen, cinq ans, son frère plus âgé, Mian, et sa sœur, Saira, se font souvent du souci pour leur père, Haider, qui a été gravement torturé. Au moment des repas, ils prient pour que rien ne lui arrive.

Haider et sa femme, Farah, vivent dans un appartement qu'ils louent
à la périphérie d'Islamabad près du centre Sach Outreach. Quant il
ne travaille pas à Sach, Haider passe la plus grande partie de son temps
libre avec sa famille.

Mian et Ahsen jouent chez eux.

Le Docteur Masood appartient à la minorité pachtoune. Il a passé un an
dans une prison à Kaboul après son arrestation en 1995. Accusé d'espionnage
pour le compte des Taliban, il a été torturé. Le Docteur Masood
travaille aujourd'hui comme médecin à l'antenne Sach du camp de Jalozai.

Des petits garçons jouant dans une allée adjacente à leur domicile, dans le camp n°6.

La perspective de la victime

Theo van Boven. Pays-Bas. Membre du Conseil d'administration de 2004 à 2005

Le Fonds de contributions volontaires des Nations Unies pour les victimes de la torture a été créé à un moment où les organes et les mécanismes des Nations Unies s'occupant des droits de l'homme se concentraient particulièrement sur les violations des droits de l'homme et attiraient l'attention sur les pratiques, les faits et les évolutions de ces violations. Les personnes, qu'elles soient les auteurs ou victimes impliquées dans les violations, échappaient largement à l'intérêt manifesté publiquement par l'Organisation des Nations Unies. La décision de l'Assemblée générale en 1982 d'établir un dispositif orienté sur la victime, et visant à apporter un soutien aux ONG qui fournissaient des services d'assistance et de réadaptation aux victimes de la torture et aux membres de leur famille, représentait donc un évènement majeur. Elle intervint à une période où des flux de réfugiés fuyaient les pays où régnait la torture, à la recherche de sécurité et de protection auprès d'autres nations. Les centres de réadaptation des victimes de la torture ont réagi en étendant et en intensifiant la portée et le caractère de leur travail humanitaire.

C'est également à cette période que les Nations Unies ont renforcé la base normative de la prévention de la torture et de la lutte contre celle-ci en créant des mécanismes de surveillance. Un Comité contre la torture se fondant sur un traité ainsi qu'un Rapporteur spécial sur la torture institué à partir de la Charte ont été créés pour lutter contre les maux liés à la torture. Ces mécanismes se tournent vers la victime: ils reçoivent et examinent des plaintes, et ils adressent des appels urgents aux autorités publiques pour le compte des personnes dont l'intégrité physique est menacée de façon imminente. Ces mécanismes, qui incluent le Fonds, se complètent pour former un cadre de protection des victimes. Cependant, ces organismes doivent coordonner étroitement leur action et apprendre des expériences et perspectives des autres.

La Sous-Commission pour la promotion et la protection des droits de l'homme de l'Organisation des Nations Unies m'a confié la tâche de procéder à une étude sur le droit à restitution, compensation et réadaptation des personnes victimes de violations graves des droits de l'homme et des libertés fondamentales. J'ai insisté qu' «…on néglige souvent le point de vue de la victime. Il semble que nombre d'autorités considèrent qu'il s'agit là d'une question marginale, source de complications et de difficultés. On ne soulignera par conséquent jamais assez la nécessité de veiller de manière plus systématique, aux échelons national et international, au respect du droit à réparation des victimes de violations graves des droits de l'homme. Au sein de l'Organisation des Nations Unies, ce travail pourra s'accomplir dans le cadre des travaux normatifs, des études, des rapports, des procédures d'assistance et de réparation et des mesures pratiques comme celles mises au point par le Fonds de contributions volontaires des Nations Unies pour les victimes de la torture…»[1]

Une fois mon étude achevée, le fonctionnement du Fonds a été évalué. Cette évaluation a conclu que même si l'on peut encore améliorer son efficacité le Fond remplit son mandat et a un impact positif sur les victimes de la torture, ainsi que sur les organisations qui travaillent auprès des victimes[2]. On notera que les expériences du Fonds ont été prises en compte lors de la mise en place du Fonds d'affectation spéciale visé à l'article 79 du Statut de Rome de la Cour pénale internationale.

D'autres mesures internationales ont été également mises au point pour répondre aux besoins des victimes, notamment les Principes fondamentaux et directives concernant le droit à un recours et à réparation des victimes de violations flagrantes du droit international des droits de l'homme et de violations graves du droit humanitaire international[3]. Ces Principes servent de normes de référence importantes aux gouvernements, institutions et groupes qui estiment que s'occuper du sort des victimes est une question fondamentale. Ils associent la responsabilité des États à la compassion humaine et à la solidarité, et renforcent le cadre moral et juridique qui entoure le travail du Fonds. Les Principes énoncent également de manière pratique les droits des victimes à un recours et à des réparations, notamment à une réadaptation médicale et psychologique, à une assistance juridique et à des services sociaux.

Au fil des années, la vocation du Fonds de servir la cause des victimes de la torture et de se faire le défenseur de leur point de vue s'est affirmée. À travers l'appui continu des donateurs et grâce aux efforts du Fonds et de son Conseil d'administration, le Fonds de contributions volontaires des Nations Unies pour les victimes de la torture restera intégralement lié à la perspective de la victime.

[1] E/CN.4/Sub.2/1993/8, par. 133.
[2] E/CN.4/2005/55.
[3] Assemblée générale, résolution 60/147 du 16 décembre 2005.

Chili : La mémoire a des recoins secrets

Patricia Verdugo/Olivia Heussler

Organisation **Corporación de Promoción y Defensa de los Derechos del Pueblo (CODEPU)** Lieu **Santiago, Chili** Date de création **1980** Type d'assistance fournie **médicale, psychologique, juridique, sociale** Nombre de victimes assistées en 2005 **130 victimes et membres de leurs familles** Nombre de nationalités représentées par les victimes **une** Programme financé **rendre compte, enquêter et traiter les victimes de la torture et les membres de leur famille** Nombre de salariés employés par le projet **11**

Tous les jeudis, les familles des personnes disparues et des femmes et des hommes qui ont été torturés se réunissent au 38 Rue de Londres. Des graffitis sont peints à la bombe sur les murs de cette fameuse prison où ont eu lieu tant de tortures.

La Moneda, le palais présidentiel pris d'assaut en septembre 1973 par le général Pinochet.

Le Docteur Paz Rojas, la directrice de la CODEPU, se tient devant
elle les nombreux dossiers du centre concernant les victimes de la torture.

À la CODEPU, les victimes de violations des droits de l'homme se font enregistrer pour bénéficier de compensations auprès de la Fondation Président Allende qui a son siège à Madrid.

Les victimes de violations des droits de l'homme se font enregistrées auprès du centre.

Viviana Uribe, Directrice du centre.

Margarita Durán, qui travaille également au centre, a été détenue et torturée au 38 Rue de Londres.

Des femmes et des hommes du groupe de soutien «Tejas Verde» de la CODEPU.
Grâce à l'aide du Docteur Paz Rojas, ils ont retrouvé un sentiment de normalité.

Les principaux protagonistes de cette histoire sont trois femmes, Paz, Viviana et Margarita. C'est une histoire quotidienne à Santiago du Chili qui parle du pouvoir de la solidarité et des conséquences dévastatrices de la torture. La frêle stature des femmes dissimule l'énorme force intérieure qui les soutient. Leurs sourires transmettent la paix qu'elles ont trouvée en apportant un havre de sécurité aux autres qui, comme elles, ont survécu.

Décembre 2005. Les trois femmes travaillent dans les locaux de la CODEPU en plein centre de Santiago. C'est l'été en Amérique du Sud et la chaleur ralentit leurs gestes. Le nombre des personnes qui frappent à la porte de l'organisation a augmenté de façon spectaculaire au cours des dernières semaines. Il ne reste que quelques jours pour soumettre une demande de paiement de compensation pour les victimes de la torture au Chili, auprès de la Fondation «Fundación Presidente Allende»[1] dont le siège est à Madrid.

Viviana Uribe, la Directrice de la CODEPU, explique que le droit international décompose la notion de réparation en quatre éléments clés. «Les victimes doivent recevoir une compensation équitable et adéquate. Justice doit être faite. Les conditions doivent être créées pour éviter que ne se reproduise la tragédie. Enfin, les victimes doivent obtenir une reconnaissance morale». La CODEPU contribue à cela en enregistrant les victimes. Sur place, ses seuls bureaux en ont enregistré près de 25 000 ayant introduit des demandes en réparation. Les quelques employés de la CODEPU avaient désespérément besoin de se faire seconder par des volontaires. Margarita Durán est une de ceux qui ont répondu à leur appel. Margarita, comme Viviana, a 54 ans. À les voir ainsi partager un café pendant une courte pause qu'elles s'offrent au cours de leur longue et fatigante journée de travail, on n'imaginerait jamais qu'elles aient vécu tant d'horreurs.

Être à l'abri de la prison psychologique

Le cauchemar de Margarita Durán a commencé avec le coup d'État militaire en septembre 1973. Sa famille vivait à La Legua, un quartier populaire mais économiquement oppressé situé dans le sud-est de Santiago. Le pilonnage des tirs de char avait laissé une traînée de morts et de blessés. Son père et deux de ses cousins figuraient parmi les milliers de prisonniers emmenés au Stade national transformé en camp de prisonniers. Quelques jours plus tard, sa sœur, âgée de 17 ans, et elle, étaient arrêtées et détenues pendant plusieurs heures. La situation était grave pour sa famille. L'idée d'aller se réfugier dans une ambassade ou de chercher asile hors du Chili ne lui traversa jamais l'esprit. Il lui fallait rester pour aider les autres. Elle fut de nouveau arrêtée, cette fois-ci avec son compagnon.

«Il s'appelait Luis, comme mon père. Nous avions prévu de nous marier à la fin de l'année 1973, nous n'imaginions pas que nous serions alors en dictature», se souvient Margarita. Au lieu de cela ce fut le début d'une série d'évènements qui allaient laisser des cicatrices indélébiles. Les soldats ont amené le couple dans un centre de torture situé au 38, Rue de Londres, en plein milieu de Santiago, à quelques mètres seulement de l'église coloniale de San Francisco. Ce n'est que plusieurs années après qu'elle retrouva son emplacement exact.

Elle s'en souvient comme si c'était hier. Sa voix devient un murmure tandis qu'elle refoule ses sanglots. «On m'a ligotée et mis un bandeau sur les yeux. Lorsqu'un fonctionnaire m'ôta le bandeau…je vis Luis, mon compagnon. Lui et quatre autres amis étaient suspendus à une poutre, les bras écartés et les mains attachées. Ils avaient tous l'air du Christ, mis en croix. Devant eux, les soldats m'ont arraché les vêtements et ils m'ont violée», dit Margarita.

Elle pouvait lire dans les yeux de Luis son désespoir et entendre ses hurlements étouffés par le bâillon. «Je lui ai fait un signe. Je crois avoir haussé les épaules pour lui faire comprendre que cela n'avait pas d'importance. Le viol fut brutal, mais je savais que si je criais ce serait encore pire pour lui et mes amis. Malgré tout, sous le choc, il s'est effondré, il s'est évanoui. J'ai cru qu'il était mort. Je me suis alors mise à hurler comme si je devenais folle et ils se sont arrêtés de me violer».

Trois jours plus tard, elle fut relâchée dans des buissons sur le bord de la route. Avec beaucoup de difficultés, elle parvint à se détacher et à retrouver le chemin de sa maison. Le lendemain, elle entendit à la radio que cinq «extrémistes» avaient été tués alors qu'ils essayaient de plastiquer le pylône d'une ligne électrique. Elle avait encore devant elle l'image des cinq hommes suspendus «tels le Christ», à un poteau en bois.

Elle s'est rendue à la morgue de Santiago pour identifier les corps mitraillés. Luis avait été tué d'une balle au front. Sa mort a épargné à Margarita l'angoisse de ne pas savoir, un calvaire que vivent plus de 1 000 familles au Chili après qu'on ait fait «disparaître» un être cher. Malgré sa peine, elle se souvient avoir été soulagée d'avoir eu ses règles. «J'avais si peur de me retrouver enceinte».

À la fin du mois de janvier 1974, les choses ont empiré. La famille Durán s'était mise à l'abri, mais des membres de la famille et certains de leurs amis révélèrent sous la torture le lieu où elle se trouvait. Amenée au centre situé au 38 Rue de Londres, Margarita fut torturée, reçut de multiples coups et décharges électriques. Elle fut violée sous les yeux de son père. «Mon père a 85 ans, et il n'a jamais pu parler de ce qui s'était passé». Elle ne se souvient pas de la douleur physique causée par les décharges électriques sur le bout des seins, dans le vagin et dans la bouche. «Je me rappelle seulement que je hurlais en leur demandant de me tuer». La famille fut ensuite déplacée à Tejas Verdes, un camp de concentration où les araignées et les souris ont aussi été utilisées en torture.

Les assassinats et les disparitions continuèrent de décimer sa famille. Margarita s'exila accablée par cette peine, d'abord en Argentine, puis au Canada. Elle se maria, eut un fils. Cependant, elle reconnaît que sa vie sexuelle a été traumatisée. «Je ne suis jamais parvenue à dire à mon mari ce qui se passait. Lorsque je réagissais mal, il ne manquait pas de me répéter qu'il n'était pas mon tortionnaire et que je devais faire la part des choses». Ils ont fini par divorcer.

La démocratie restaurée, Margarita est rentrée au Chili pour y commencer le long et difficile processus de guérison. Elle a trouvé un réconfort psychologique auprès de la CODEPU et a témoigné à la télévision. Ensuite, elle a témoigné à un procès en appel lié à l'assassinat de Luis. Lorsque deux de ses tortionnaires du 38 Rue de Londres (le général brigadier Miguel Krassnoff et le colonel Marcelo Moren) ont été déclarés coupables, Margarita a vu s'ouvrir devant elle un large portail en métal. Selon l'interprétation donnée par sa thérapeute, c'était la libération de Margarita de sa prison psychologique.

Aujourd'hui, chaleureuse et souriante, Margarita travaille comme bénévole à la CODEPU. Elle dit que c'est surtout à son fils qu'elle doit sa renaissance. «Je vivais dans les limbes, rien ne comptait vraiment pour moi. Mais mon fils m'a fait prendre conscience que j'avais donné naissance à un être qui avait droit au bonheur. Je me suis dit que je ne pouvais pas lui causer une si grande douleur, un si grand chagrin. Parce que j'étais mère, je devais m'assumer. J'ai décidé de changer, et j'y suis parvenue».

À la poursuite des tortionnaires
Viviana Uribe déclare que le processus d'accorder réparation aux victimes de la torture a pris un nouvel élan après l'arrestation du général Pinochet à Londres en 1998, rendue possible grâce à un mandat d'extradition espagnol. Jusqu'à cette date, l'ancien dictateur avait conservé une forte emprise sur le Chili. Après la passation des pouvoirs en 1990 à Patricio Aylwin, démocratiquement élu, le général Pinochet conserva sa position de Commandant en chef des forces armées. En 1998, il se fit accorder un mandat à vie de sénateur par le sénat chilien.

«En voyant Pinochet arrêté et accusé de torture et d'assassinat, les survivants ont réalisé qu'ils étaient des preuves vivantes contre lui. Les cauchemars, les peurs, la douleur et les sanglots ont réapparu. Ils se sont rendus compte que ce qu'ils avaient espéré sans vraiment y croire – à savoir que justice serait rendue – était devenu possible. Ils se voyaient comme des «sujets de droit» en comprenant que le moment était venu pour eux de réagir. Les victimes ont dit ressentir des sentiments ambivalents – d'euphorie à cause de l'arrestation de Pinochet, de dépression de ne pouvoir rien faire et de regret de ne pas faire assez pour que justice soit faite».

La CODEPU, créée en 1980 sous la dictature chilienne, a tout de suite été submergée de demandes d'aide psychologique et juridique. Ses huit employés permanents ont dû redoubler d'efforts.

Au plus fort de la demande, 120 salariés permanents, notamment des avocats, des médecins, des psychologues, des enseignants, des enquêteurs et des documentalistes travaillaient pour l'organisation.

Lorsque la transition vers la démocratie s'est amorcée en 1990, l'État a institué la Commission pour la vérité et la réconciliation (connue également sous le nom de «Commission Rettig») chargée d'enquêter sur les assassinats et les disparitions de dissidents. En 1991, le Président Patricio Aylwin a présenté des excuses aux victimes et à leurs familles au nom de l'État. Des compensations économiques, y compris des prestations médicales, ont été accordées.

Dans le même temps, un lent et difficile processus juridique a été lancé afin de retrouver les officiers responsables de ces atrocités. Le général Pinochet a tout fait pour entraver le cours de la justice, en refusant de fournir les informations nécessaires et en établissant une loi du silence parmi ses officiers. Jusqu'à la fin de l'année 1998, les tentatives de l'État pour rompre cette loi, afin de savoir où se trouvaient les personnes «disparues» et rendre justice à celles qui avaient été assassinées échouèrent. Les victimes de la torture étaient murées dans leur silence. L'arrestation de Pinochet redonna un nouvel élan aux victimes.

Viviana raconte, «en 2001, 44 victimes ont introduit une action en justice au motif des actes de torture qu'elles avaient subis à l'Académie de guerre de l'aviation militaire. Les juges saisis ont ordonné à l'Institut médicolégal du Chili d'établir un rapport sur la question. Il s'ensuivit l'ouverture d'une instruction sur les tortures infligées par le régiment de Tejas Verdes. Une seule victime a suffi pour connaître le nom d'un des tortionnaires; ce qui a conduit ce dernier à livrer à son tour, en se voyant pris au piège, les noms des autres. C'est ce qui a amené les premières confrontations entre les tortionnaires et les victimes».

Après avoir fait l'effort de confronter les auteurs de ces crimes, et une fois reçu le certificat médical attestant de leurs blessures physiques et psychologiques, les victimes ont alors pu commencer le douloureux processus de guérison, un processus que Viviana a débuté il y a plusieurs années. Son mari a été assassiné. Sa sœur et sa belle-sœur sont portées «disparues» et elle a été torturée avant de pouvoir s'exiler. «Tout cela est en moi», déclare-t-elle avec sérénité.

Viviana tire sa force de sa décision de faire face à ce qui l'attend. Son premier objectif était de rechercher les personnes «disparues». Elle et son amie Erika Hennings, une victime comme elle, ont obtenu la coopération de deux femmes, qui de prisonnières politiques sont ensuite devenues des informatrices de la direction des services de renseignements (DINA) – après avoir été psychologiquement brisées par la torture. Leur projet avait pour objectif de dresser un tableau de la répression et des personnes qui l'ont commis. Tout d'abord, elles ont commencé par rechercher des noms et, à partir de là, des adresses.

«Ils nous ont regardées et ont dit, «elles sont arrivées», comme s'ils avaient attendu que les victimes les retrouvent. D'autres tortionnaires ont été surpris, se prenant la tête dans les mains, n'y croyant pas. Nous les avons suppliés de nous aider à retrouver nos «disparus». Nous nous sommes même rendues dans une prison pour parler à un des tortionnaires les plus vicieux, Osvaldo Romo. Nous en sommes reparties en vomissant», se souvient-elle.

Elle sait que la mémoire peut avoir des recoins secrets. Pendant de nombreuses années, elle a été incapable de se souvenir du visage de son tortionnaire qui l'avait violée jusqu'à ce fameux jour au tribunal. Elle a vu un homme marchant dans les allées du tribunal, et s'est sentie submergée d'une nausée incontrôlable. «J'ai commencé à vomir en réalisant que c'était lui». Son identité a été par la suite confirmée par le juge.

Une conspiration du déni et du silence
Étape par étape, avec d'énormes difficultés le Gouvernement chilien a fini par reconnaître la nécessité de traiter de manière appropriée les problèmes auxquels sont confrontées les victimes de la torture. En 2004, une Commission nationale sur l'emprisonnement politique et la torture, composée de huit membres, fut mise sur pied sur requête du Président. Si la Commission a reçu les témoi-

gnages de plus de 35 000 survivants, on estime qu'un nombre similaire de victimes se sont senties incapables de parler aux agents de l'État de leurs expériences. Le «Rapport Valech» de la Commission a ouvert la voie aux réparations économiques et morales. Lorsque le Président Ricardo Lagos a reçu l'épais rapport sur la torture pratiquée par l'État dans 1 132 sites, il a déclaré, «parce que nous ne le revivrons peut-être plus jamais, nous ne les nierons de nouveau plus jamais».

Les victimes de la torture ont été à la une des médias en 2004. Cependant, une fois que le rapport Valech eut été rendu public (sans la liste des tortionnaires élaborée par la Commission qui fut déclarée secrète) et que le Congrès autorisa les compensations aux victimes, le sujet disparut du calendrier politique. Or les affaires contre le général Pinochet ont continué à avoir un impact sur les victimes. La CODEPU a répondu à la publication de ce rapport en enregistrant les survivants de la torture qui n'avaient pas témoigné avant.

C'est un chemin long et ardu, le Docteur Paz Rojas, neuropsychiatre et Présidente de la CODEPU, en est bien consciente. Il a commencé à aider les victimes de la torture en novembre 1973. À l'époque, elle travaillait bénévolement pour le Comité Pro Paz (créée par plusieurs églises) et avec d'autres médecins, elle avait fondé une clinique clandestine afin de porter assistance aux premiers prisonniers qui commençaient à être relâchés. Dix mois plus tard, elle était contrainte de quitter le pays menacée de détention par la police secrète (DINA). En France, elle continua à venir en aide aux victimes en exil. À son retour au Chili, elle adhéra à la CODEPU et en 1983, elle reçut le soutien du Fonds pour le projet «Rendre compte, enquêter et traiter les victimes de la torture et les membres de leur famille». L'expérience du Docteur Rojas au cours de ces 30 dernières années est mise à profit dans la formation des nouveaux thérapeutes.

En grec, «trauma» signifie «blessure». «Le traumatisme de la torture», note le Docteur Rojas, «c'est le summum de la cruauté commise par des êtres humains à l'encontre d'autres êtres humains, les proches de ces derniers et l'ensemble de la société. Cette expérience laisse les victimes incapables d'exprimer par des mots ce qu'elles ont vécu. Il n'y a pas de langage et seuls prévalent le déni et le silence».

Lorsque les mots émergent enfin au cours de la thérapie, ils sont simplement descriptifs. «Les victimes ne peuvent pas communiquer ce qui ne peut être dit, le traumatisme vécu», note le Docteur Rojas. Leur silence masque des sentiments de culpabilité – d'avoir survécu contrairement aux autres. «Dans une certaine mesure…cela est largement lié au besoin qu'on leur explique – «Pourquoi pas moi? Pourquoi les autres? Qui l'a décidé et pourquoi?» Au silence des victimes nous devons ajouter le silence d'une société qui nie la présence de survivants, parce que le reconnaître serait accepter l'existence du mal extrême. Ce déni correspond probablement au besoin ancestral de cacher que la cruauté est un phénomène humain».

En 2000, le général Pinochet est déchu de l'immunité parlementaire. La Cour suprême du Chili confirme une décision antérieure selon laquelle il existe des motifs suffisants pour le poursuivre. En 2002, la Cour juge que son état mental le rend inapte à être jugé. Plusieurs années plus tard, une enquête du sénat américain révèle que le général Pinochet dissimule des millions de dollars sur des comptes étrangers, il est alors accusé d'évasion fiscale et de corruption. En janvier 2006, la Cour suprême le juge mentalement apte à passer en jugement, et lève de nouveau son immunité dans une affaire relative aux droits de l'homme. Ces oscillations entre justice et impunité ont affecté le bien-être des victimes.

Entre-temps, les activités en faveur des droits de l'homme battent leur plein au Chili. L'action menée par des femmes comme Margarita Durán, Viviana Uribe et Paz Rojas donne de l'espoir à tous ceux qui tentent de guérir leurs blessures, d'atténuer leur douleur et d'obtenir justice et réparation sous des formes appropriées. Plus important encore, cette action permet d'espérer qu'ensemble nous pourrons prévenir une autre tragédie.

---

1 En 2005, la Fondation reçut $9 millions de dollars des États-Unis dans un règlement de Riggs Bank, une fois que la banque a reconnu avoir aidé l'ex dictateur Pinochet à dissimuler des millions de dollars, malgré un mandat judiciaire du Gouvernement espagnol de bloquer ses actifs.

La prison où on torturait, au 38 Rue de Londres.

Les parents des personnes disparues et les victimes de la torture allument
des bougies et peignent à la bombe des graffitis sur le mur au 38 Rue de Londres.

Une maquette de la tour utilisée pour la torture à la prison de
la Villa Grimaldi – un complexe de bâtiments qui étaient utilisés par
la DINA pour interroger et torturer les prisonniers politiques sous
la dictature du général Pinochet. Servira à partir de la moitié de 1974
jusqu'à la moitié de 1978. Près de 5 000 détenus ont été amenés
à la Villa Grimaldi durant cette période, et au moins 240 d'entre eux
sont portés disparus ou ont été tués. Michelle Bachelet, la Présidente
chilienne, y a été détenue et torturée.

La Villa Grimaldi abrite désormais un musée
et sert de lieu de commémoration pour les victimes et leurs familles.

Les effets personnels d'une victime, Carmen Cecilia Bueno Cifuentes.

Carolina est artiste des rues du nouveau Chili.

Photographies des victimes dans la Villa Grimaldi.

Des anciens employés et travailleurs licenciés durant l'ère Pinochet
protestent à l'extérieur de La Moneda pour une pension appropriée, témoignant
de la liberté dont ils jouissent maintenant.

Une des salles de procès à Santiago où le général Pinochet est jugé.

Un des avocats du général Pinochet, M. Pablo Rodriguez Grez, quitte
la salle d'audience après avoir perdu «l'affaire Colombo», 7 décembre 2005.

Le mémorial au cimetière général de Santiago en souvenir des 3 197 victimes assassinées.

Cette femme, dont la sœur est une des victimes du régime de Pinochet, entretient l'endroit du monument où se lit l'inscription: «Todo mi amor esta aqui y se ha quedado pegado a las Rocas al mar a las montañas» [«Tout mon amour est ici, fixé dans les rochers, la mer et les montagnes»].

ABRÉVIATIONS ET ACRONYMES

CDHES: Commission des droits de l'homme d'El Salvador (El Salvador)
CODEPU: Corporación de Promoción y Defensa de los Derechos del Pueblo (Chili)
Convention contre la torture: Convention contre la torture et autres peines ou traitements cruels, inhumains ou dégradants
CTV: Association pour la réadaptation des victimes de la torture - Centre d'accueil des victimes de la torture (Bosnie-Herzégovine)
CVT: Center for Victims of Torture (États-Unis d'Amérique)
Déclaration sur la torture: Déclaration sur la protection de toutes les personnes contre la torture et autres peines ou traitements cruels, inhumains ou dégradants
IRCT: Conseil international pour la réhabilitation des victimes de la torture
ONG: Organisation non gouvernementale
Rapporteur spécial sur la torture: Rapporteur spécial sur la torture et autres peines ou traitements cruels, inhumains ou dégradants
TPIY: Tribunal pénal international pour l'ex-Yougoslavie
TTRUSTT: The Treatment and Rehabilitation Unit for Survivors of Torture and Trauma (Australie)
UNHCR: Haut-Commissariat des Nations Unies pour les réfugiés

Concept: Walter Kälin, Lars Müller, Judith Wyttenbach
Design: Integral Lars Müller / Séverine Mailler, Lars Müller
Lithography and Printing: Ast & Jakob Vetsch AG, Köniz
Binding: Buchbinderei Burkhardt AG, Mönchaltorf

Material contained in this publication may be freely
quoted or reprinted, provided credit is given and a copy
of the publication containing the reprinted material
is sent to the Office of the United Nations High
Commissioner for Human Rights, Palais des Nations,
8-14 avenue de la Paix, CH-1211 Geneva 10, Switzerland.

La reproduction, en tout ou en partie, de la teneur
des documents publiés dans la présente publication est
autorisée. Toutefois, en pareil cas, il est demandé que
mention soit faite de la source et qu'un exemplaire de
l'ouvrage où sera reproduit l'extrait cité soit communiqué
au Haut-Commissariat des Nations Unies aux droits
de l'homme, Palais des Nations, 8-14, avenue de la Paix,
CH-1211 Genève 10, Suisse.

El contenido de esta publicación puede citarse o
reproducirse libremente, a condición de que se mencione
su procedencia y se envíe un ejemplar de la publicación
que contenga el material reproducido a la Oficina del Alto
Comisionado de las Naciones Unidas para los Derechos
Humanos, Palais des Nations, 8-14, avenue de la Paix,
CH-1211 Ginebra 10, Suiza.

United Nations publication
Sales No. E.06.XIV.3
ISBN 10: 92-1-154167-0
ISBN 13: 978-92-1-154167-0

United Nations publication
Sales No. F.06.XIV.3
ISBN 10: 92-1-254157-7
ISBN 13: 978-92-1-254157-0

United Nations publication
Sales No. S.06.XIV.3
ISBN 10: 92-1-354092-2
ISBN 13: 978-92-1-354092-3

Printed in Switzerland